KB214499

화투, 꽃들의 전쟁

큰 글씨 책

008

화투, 꽃들의 전쟁

초판 1쇄 인쇄 2019년 11월 4일
초판 1쇄 발행 2019년 11월 11일

–

지은이 박성호
펴낸이 이방원
편　집 김명희 · 안효희 · 윤원진 · 정조연 · 정우경 · 송원빈
디자인 손경화 · 박혜옥
영　업 최성수
마케팅 이미선

–

펴낸곳 세창미디어
출판신고 2013년 1월 4일 제312-2013-000002호
주소 03735 서울특별시 서대문구 경기대로 88 냉천빌딩 4층
전화 02-723-8660 | **팩스** 02-720-4579
이메일 edit@sechangpub.co.kr | **홈페이지** http://www.sechangpub.co.kr

–

ISBN 978-89-5586-574-5 03910

이 도서의 국립중앙도서관 출판시도서목록(CIP)은 서지정보유통지원시스템 홈페이지(http://seoji.nl.go.kr)와 국가자료공동목록시스템(http://www.nl.go.kr/kolisnet)에서 이용하실 수 있습니다. (CIP제어번호: CIP2019042696)

세창역사산책 008

화투, 꽃들의 전쟁

박성호 지음

세창미디어 MEDIA

비트코인이 한국사회에 커다란 파문을 일으키고 있다. 가상화폐, 암호화폐로 불리는 비트코인은 원래의 취지와 관계없이 흔히 말하는 '흙수저 세대'가 목돈을 벌 마지막 기회라는 말처럼 도박의 대상으로 전락할 위험에 처해 있다. 이처럼 우리 사회에는 도박의 위험이 도사리고 있다. 뿐만 아니라 수많은 종류의 복권, 1990년대 인터넷 붐으로 형성된 코스닥 시장과 주식시장의 '묻지마 투자', 카지노, 경마 등 다양한 종류의 도박이 있다. 화폐경제가 활성화된 조선말에도 현실의 어려운 생활고를 일거에 해결하려는 도박이 사회를 어지럽혔다. 그중에서 화투는 도박의 대표적 도구로 오랜 세월 그 악명을 떨쳤다. 시대를 풍미한 서민의 놀이도구이면서 동시에 대표적 도박 도구의 양면성을 가진 것이 화투이다.

화투가 구한말 일본에서 전래된 일제 식민문화의 잔재임은 부정할 수 없다. 공식적으로 일본어 사용을 금하던 시기

에도 화투에는 기리(切り), 고도리(五鳥), 나가레(流れ), 약(役) 등과 같은 일본어가 그대로 사용되었다. 화투는 개항기, 조선 땅에 첫 선을 보임과 동시에 엄청난 인기를 구가하며 대표적 오락문화로 자리 잡게 된다. 하지만 일본에서 건너왔다는 점 때문에 카드놀이와 달리 음성적인 놀이로 인식되기도 하였다. 그러나 해방 이후 다양한 놀이문화가 유입되었지만, 화투만큼 전 세대를 아우르지 못했다.

1980년대까지만 해도 일반가정에 화투 한두 개 정도는 가지고 있었다. 어른들이 모이는 곳이라면 어디든 화투가 등장했다. 명절이면 가족, 친척들이 모여 함께 화투를 쳤고, 초상집에서도 고인을 추모하며 화투판을 벌였으며 대합실, 야유회, 노인정 할 것 없이 화투를 치는 사람들을 어렵지 않게 볼 수 있었다. 동네마다 삼삼오오 모여 10원, 100원을 걸고 민화투를 치는 어머니들의 모습도 드물지 않았다. 돌이켜보면 놀이라고는 전혀 모르던 나의 어머니도 한가한 시간을 화투로 재수 떼기를 하며 그날의 운세를 점쳤다. 스마트폰이 없는 일상을 상상조차 할 수 없는 오늘날에도 화투는 PC게임과 모바일게임 등으로 변신을 거듭하며 사랑을 받고 있다.

반면, 화투의 발생지인 일본에서는 패전 이후 타파해야

할 구습으로 인식되어 일반 가정에서 외면 받게 되고 공항의 토산물코너 한 귀퉁이만을 장식할 뿐이다. 그러나 최근, 포켓몬고게임으로 재기에 성공한 닌텐도사는 어린이용 화투놀이를 온라인에 소개하고 포켓몬 화투를 제작하는 등 세계적 게임업체인 닌텐도가 화투에서 시작되었음을 환기시키고 있다.

한국과 달리 화투의 원조 격인 일본의 하나후다는 등장 초기부터 그다지 높은 도박성을 띠고 있지 않았고 이러한 경향은 메이지시대에도 비슷하였다. 그러나 한국에서는 일본의 화투, 하나후다가 한자 발음인 화찰이 아닌 화투라는 이름으로 사용되었다는 것부터 투전의 대용품, 즉 도박의 도구로 사용되었다는 것을 알 수 있다. 하나후다는 한국에 들어와 여러모로 변형을 겪게 된다. 화투의 왜색성을 탈피하자는 시도도 여러 번에 걸쳐 시도되었다.

그동안 화투의 그림에도, 순서에도, 놀이방법에도 무시 못 할 변화들이 있었다. 이러한 변화를 통해 계절감은 무시되고, 비를 손님으로 해석하고 오동의 뒤에 놓음으로써 본래 가진 일본의 정신은 색이 바랬다. 한국의 화투는 다양한 한국의 사정을 담은 고스톱 등의 게임규칙을 새롭게 만들어 내었다. 놀이를 하나의 문화 현상이라 볼 때, 화투는 일본에서 만들어졌으나 한국에서 재해석되어 유행한 한국의 문화라 보아야 할 것이다.

이토록 한국에서 사랑을 받고 있는 화투에 대한 기록을 찾는 일은 뜻밖에 쉽지 않았다. 화투에 대한 기록이 별로 남아 있지 않기 때문이기도 하지만, 화투가 도박을 부추기는 저급한 놀이로 인식되어 연구자들이 연구대상으로 삼지 않기 때문이기도 하다.

이 책은 먼저 화투의 탄생과 변화과정에 대해 알아본다. 두 번째로 하나후다에 담긴 의미에 대해 살펴보고자 하였다. 마지막으로 미워하고 배척하기에는 너무나 우리의 삶과 밀접하게 된 화투가 언제, 어떻게 우리와 관계를 맺게 되었는지를 살펴본다.

이 책을 쓰기 위해 수많은 기존 저작들을 참고하였다. 특히 하나후다에 대한 일본의 자료들을 소개해 주고 기존의 연구들을 제공해 준 미와 마사타네 선생님과 최유경 박사님의 도움은 지대하였으며 또한 교정과 조언을 해준 많은 분께도 감사를 드린다.

2018. 6
박성호

목차

일본의 화투, 하나후다(花札)는 와카라고 불리는 일본의 전통시를 조개나 종이에 그려 넣어 짝을 맞추던 헤이안시대 귀족들의 전통적인 짝맞추기(合わせ) 놀이와 서구 카드가 만나 탄생하였다. 유럽인들이 향신료, 도자기, 은, 직물 등을 구하기 위해 아시아로 세력을 확장해 가던 1543년, 포르투갈 상선의 규슈 다네가시마(種子島) 표류는 다양한 서양 물품들이 일본에 유입되는 계기를 만들었고 '트럼프'와 유사한 '카드'도 그중 하나다.

포르투갈로부터 카드가 유입되자 주로 궁궐 귀족 여인들의 무료함을 달래던 아와세(花合わせ) 놀이는 용, 전사, 성배 등 서구적 문양이 묘사된 덴쇼카르타(天正かるた), 운슨카르타(ウンスンカルタ) 등으로 발전하면서 도박의 형태를 띠기 시작하였다. 서구적 이미지의 카드가 오늘날 우리가 아는 화투의 모습으로 변형된 것은 대략 18세기 말로 추정된다. 일반적으로는 일본의 전통 화조화(花鳥畫)가 묘사된 화투가 등

장한 것은 도박검열을 피하기 위해서라고 하지만, 서구 문양의 카르타에서 화조화 문양 화투로의 변용을 설득력 있게 설명하지는 못한다.

한국에서 화투는 한자로 꽃 화(花)에 싸움 투(鬪)를 쓴다. 화투(花鬪)라는 단어에서 알 수 있듯이 단순한 놀이라기보다는 뭔가 승부수를 띄우는 도박의 냄새가 짙다. 반면 화투의 발생지, 일본에서는 투(鬪)가 아닌 패를 의미하는 찰(札)이라는 한자를 사용하여 하나후다(花札)라고 부른다. 하나카르타(花カルタ), 하나아와세(花合わせ)라고도 부르는데 일반적으로 하나후다라고 부른다. 하나후다라는 명칭은 꽃 그림이 그려져 있는 패로 되어 있다는 것을 나타낸다. 즉, 꽃의 명찰인 것이다. 다시 말하여 하나후다에 묘사된 꽃이 단순한 디자인을 위해 사용된 것이 아니라 좀 더 깊은 뜻을 지니고 있다는 것을 의미한다. 4장씩 12개의 패로 구성된 48장의 하나후다에서 12는 단순한 숫자가 아니라 12개월을 상징한다. 11월과 12월처럼 약간의 예외도 존재하지만 48장에 묘사된 꽃과 나무 그리고 동물까지도 그 달을 상징하고 있다.

이렇게 꽃과 초목, 곤충, 동물들이 화려하게 어우러진 일본화 화조풍월(花鳥風月)의 전통을 이어받은 하나후다를 일컬어 한 폭의 동양화라 부르기도 하는데, 실제로 하나후다는 동양화의 전통 위에 제작된 것으로 하나의 그림을 작은 카드로 축소해 놓은 것이라 할 수 있다. 그런데 한·중·일의 놀이문화가 매우 유사한데도 한국과 중국에서는 하나후다와 흡사한 것을 찾을 수 없다. 물론, 중국과 한국에서 패를 가지고 노는 골패, 투전 등이 존재하지만 이렇게 꽃과 나무, 동물들의 그림으로 장식된 패는 존재하지 않았다. 그렇다면 하나후다는 일본에서 어떤 경위를 거쳐 만들어진 것일까?

하나의 문화적 현상은 다양한 사회적 원인의 집약과 문화적 축적, 그리고 당대인들의 공통된 인식이 전제되어야 한다. 그렇다면 하나후다는 어떻게 생겨났으며 언제부터 우리가 알고 있는 모양으로 만들어져 일본에서 유행한 것일까? 그리고 이 하나후다가 언제 어떻게 조선의 땅에 유입되어 버젓이 한국의 대표적 놀이로 자리매김한 것일까? 이러한 질문들에 대하여 하나후다가 등장하였던 1700년대 후반의 일본 에도시대의 사회상황과 격동의 구한말 조선의 상황에서 답을 찾고자 한다.

이제 일본의 고전시문학(和歌)과 화조풍월의 전통적 도안을 사용한 하나와세카르타(花合せかるた)를 이어받아 18세기 말에 탄생한 하나후다의 탄생 이야기 속으로 들어가 보자.

제1부
카드에서 하나후다로

서양의 카드, 일본과 만나다

화찰(화투), 즉 일본의 하나후다는 일본에 유입된 서양카드가 일본적인 감성에 맞게 변화한 것으로 알려졌다. 이와 같은 설명을 부정하지는 않지만 그렇다고 동의하기도 어렵다. 왜냐하면, 서양카드와 하나후다는 기본 형태는 비슷할지 모르지만 내용상으로는 전혀 다르기 때문이다. 그렇다고 전혀 서양카드의 영향이 없었다고 할 수는 없다. 카드의 크기와 모양, 카드에 번호를 붙이거나, 카드의 숫자를 일정하게 정해서 하는 게임은 일본 놀이에는 없었던 새로운 게임 규칙이기 때문이다.

일본에는 서양카드가 유입되기 이전부터 그림과 글을 써

서 짝을 맞추는 놀이가 존재했다. 이러한 일본의 짝맞추기 놀이에 서양카드가 더해졌다고 보인다. 그 결과 일본의 짝맞추기 놀이는 단순히 여흥을 즐기는 놀이에서 더 전문적인 놀이로 발전하였는데 이와 동시에 도박 성향을 갖게 된다. 서양카드와 하나후다의 관련성을 서양카드의 일본 유입과정을 통하여 알아보기로 하자.

서양카드의 원형으로 일컬어지는 타로(tarot) 카드는 그 기원에 관해서는 명확히 밝혀진 바가 없으나, 인도, 북아프리카, 아랍, 이집트, 중국 등 기원에 관한 여러 가지 설이 있으며 동양에서 발생하여 유럽으로 전해졌다는 점에서는 거의 일치한다. 타로 카드의 기원이 불분명한 것처럼 언제 유럽에 전래하였는지도 알 수는 없지만 14세기경에는 유럽 각지에 전파되어 귀족들의 놀이로 사용되었던 것 같다.

전 유럽으로 퍼진 카드는 나라와 지역마다 독특한 형태로 발전된다. 당시 유럽은 백년전쟁, 르네상스, 종교개혁과 분열, 폭동과 전쟁으로 인해 암울한 시대가 계속되었다. 반면 지리상의 발견과 신흥세력에 의한 경제의 발전으로 새로운 무역시장인 동양으로의 진출이 가속화되었다. 그래서 스페인과 더불어 세계의 바다를 누비고 다닌 포르투갈의 선원들이 일본에 카드를 전하는 결정적인 역할을 하게 된다.

서양카드의 일본 전래에 관한 최초의 기록은 1606년, 사쓰마국(薩摩国, 현재 가고시마)의 선승에 의해 편찬된 역사서 『철포기(鉄砲記)』(1606)이다. 이 서적에 의하면 1543년 8월 25일, 규슈 남방에 위치한 다네가시마 최남단에 태풍으로 인해 커다란 배 한 척이 난파했는데 그 배에는 포르투갈상인을 비롯한 100여 명의 외국인이 승선하고 있었다. 당시 일본은 오닌의 난(応仁の乱, 1467~1477) 이후 무로마치 막부와 수호다이묘 권위의 실추, 계속되는 전란으로 극도의 혼란에 빠진 상태였다. 그 틈을 타고 오다 노부나가(織田信長)가 등장하여 전국통일을 꿈꾸던 시기였다. 그런데 표류한 배에 탄 낯선 얼굴의 이국인들이 들고 있던 것은 이제까지 한 번도 본 적 없는 엄청난 위력을 지닌 화승총(火縄銃)이었다. 일본 전역의 주도권을 걸고 내전을 치르던 오다 노부나가, 도요토미 히데요시 등 전국 다이묘들에게 철포는 전국통일의 대업을 완수하고 대륙 진출까지 가능하게 해 줄 수 있는 더없이 매력적인 존재였고, 결국 막부는 포르투갈 상선의 입항과 대일무역을 허락하게 된다. 드디어 일본인은 세계를 알게 되었고 동방의 이름 없는 섬나라도 세계에 알려지게 되었다.

여기서 잠시 남만 무역에 대해 알아볼 필요가 있다. 사실,

포르투갈 상인과의 무역은 포르투갈 상선의 표류 이전부터 규슈의 일부 지역에서는 행해지고 있었다. 1542년 규슈 히라도(平戸)의 번주(藩主: 일본의 지방 군주, 제후), 마쓰라 다카노부(松浦隆信)는 명나라 해적을 통해 포르투갈과 무역을 개시하였고, 1550년에는 스페인 선교사 프란체스코 사비에르가 직접 히라도에서 포교활동을 허락받으면서 포르투갈과의 무역은 나가사키 항이 개항되기 이전인 1564년까지 이어졌다. 히라도 이외에도 나가사키, 오사카의 사카이(堺) 등에는 포르투갈만이 아니라 스페인, 네덜란드 등의 상선이 일본과 무역을 하였는데 이를 남만 무역이라고 한다.

남만 무역을 통해 철포, 화약, 모직물, 동남아시아의 향료, 피혁 등이 일본으로 유입되었다. 포르투갈과 교역의 흔적은 오늘날에도 일본에 그대로 남아 카스텔라, 빵, 즈봉(바지), 덴뿌라(튀김), 타바코(담배), 카르타(카드) 등의 포르투갈어를 통해 확인할 수 있다. 원래 남만(南蛮)이란 남쪽의 오랑캐라는 의미로 중화사상을 지닌 중국인이 주변국에 거주하는 이민족을 멸시하기 위해 사용한 말이다. 일본도 중국과 동일한 의미로 사용하였지만 16세기, 선교와 무역을 위해 일본에 건너온 포르투갈, 스페인, 네덜란드인들을 지칭하는 말로 사용하였다.

남만병풍(南蛮屛風, 左隻), 카노나이젠(狩野内膳), 고베시립미술관.

당시 스페인이나 포르투갈과의 무역은 병풍으로도 제작되었는데 이를 '남만병풍'이라고 한다. 이 병풍에는 이국적 풍모의 사람들과 이들이 가져온 코끼리, 닻을 올리고 출항하는 포르투갈의 선박과 이를 배웅하는 사람들 등이 묘사되어 있다. 등장인물의 약 30% 정도가 흑인 노예들로 이들의 대부분은 맨발에 모자를 쓰지 않은 소박한 옷차림으로 허드렛일을 하고 있다.

이렇게 남만 교역을 통해 일본에 유입된 것들을 '남만도래품(南蛮渡來品)'이라고 하는데 카드도 그중 하나이다. 당시의 카드 원형이 현재까지 전해 내려오지는 않지만, 일본에서 카드를 포르투갈어 'carta', 즉 카르타(カルタ)로 발음하고 있어 카드가 포르투갈에서 전해졌음을 알 수 있다. 일본에서는 카르타를 한자의 일본식 발음을 써서 「歌留多」, 「加留多」, 「花骨牌」 등으로 표기한다. 카드가 포르투갈에서 전래하였다는 것을 알 수 있는 또 다른 흔적은 서양카드를 본떠 일본에서 제작된 카르타에 포르투갈 카드에 많이 등장하는 '용'이 사용되었다는 것이다.

일본에서는 처음으로 규슈 미야케(三池)에서 제작된 카르타가 얼마 지나지 않아 오랜 세월 일본문화의 중심지였던 수도, 교토에서 제작되기 시작한다. 에도의 귀족, 나카노인

미치무라(中院通村)는 1616년 3월 14일 일기에 교토에서 새롭게 카르타가 제작되었다는 기록을 남기고 있고, 에도의 진기한 것들을 기록한 에도의 부유한 상인이며 시인이었던 마쓰에 시게노리(松江重頼)의 『게후키구사(毛吹草)』(1645)에도 에치고(越後: 현재 니가타현)지방의 '미이케카르타(三池歌留多)', 야마시로(山城: 교토북남부)지방의 '긴카르타(金歌留多)'와 '우타카르타(歌歌留多)' 등이 소개되었다. 카르타가 규슈에서 천황이 사는 교토로 이동하였다는 것은 단순한 지방문화에 그치지 않고 일본 전역에 퍼졌다는 것을 의미한다. 이는 카르타가 이국적인 남만도래품에서 일본적인 색채를 띠는 일본의 놀이문화로 정착하여 갔다는 것을 의미하기도 한다.

전국으로 퍼진 카르타는 간편한 휴대성으로 장소에 구애받지 않고 어디서든지 가능한 놀이로 각광을 받았다. 전국시대에는 무사들이 막간을 이용한 놀이로 애용하였으나 지나치게 몰두하여 병사들의 사기가 저하되는 폐해로 1597년에는 금지령이 내려진다. 1603년 전란의 시대가 끝나고 에도시대(江戸時代, 1603-1868)가 시작되면서 카르타는 무사와 귀족의 사교용으로 이용되다가 점차 유복한 상인과 일반 서민에게로 확대되기 시작한다. 그리고 이 과정에서 카르타는 도박성을 강하게 드러낸다.

카르타 도박에 의한 폐해가 늘어나자 급기야 1648년 에도 막부는 카르타 금지령을 내리게 된다. 이 금지령으로 카르타는 다시금 수면 아래로 가라앉는다. 18세기 초에는 서양의 카드를 일본식으로 변형한 75장의 '운슨카르타'가 재등장하고 18세기 중후반을 거치며 도박용 카르타는 더욱 극성을 부리기 시작하였다. 여기에 막부는 도박을 감시 감독하는 관직(博徒考察)을 설치하면서까지 금지한다. 이렇게 막부의 감시가 엄격해지자 일본의 전통적인 카르타와 문학적 전통을 합하여 만든 우타카르타, 이로하카르타, 에아와세카르타(絵合わせカルタ) 등 다양한 카르타를 만들어 내기에 이른다.

이처럼 카드에서 하나후다로 변화하는 과정에서 다양한 형태의 카르타가 등장하며 전통적인 짝맞추기 놀이와도 관련이 있다. 이러한 하나후다의 성격을 이해하기 위해 짝맞추기 놀이 전통에 대한 이해가 필요하다. 하나후다의 놀이와 하나후다 속에 묘사된 그림의 의미를 이해하기 위하여 일본의 전통적인 짝맞추기 놀이를 살펴보기로 하자.

일본의 짝맞추기 놀이

앞에서 살펴본 것처럼 하나후다의 역사에 대해서는 아직도 밝혀지지 않은 것이 많다. 그러나 현존하는 하나후다와 문헌, 연구자들의 견해를 종합해 보면 하나후다의 역사는 두 가지 방면에서 정리할 수 있다. 하나는 게임으로서의 「놀이(遊び)」로 살펴보는 것이고, 또 하나는 「놀이」에 사용된 도구에 묘사된 그림의 의미를 살펴보는 것이다. 게임으로서의 역사를 생각해 볼 때에도 두 가지 방법이 있다. 하나는 일본의 전통적인 놀이와의 관련성을 논하는 것이고, 또 하나는 외국에서 유입된 카드가 일본에 존재하는 짝맞추기 놀이와 어떻게 융합되었는지를 살펴보는 것이다.

1) 가이아와세

일본에 카드가 유입되기 전에도 헤이안시대부터 어떤 물건의 우월을 비교하거나 짝맞추기를 하는 '아와세(合わせ)'라는 전통적인 놀이가 있다. 아와세 중에서 가이아와세는 어떤 대합이 색이나 모양에서 더 특이하고 더 아름다운지 등을 겨루는 귀족들의 놀이이다. 다른 놀이인 가이오이(貝覆い)는 『겐지이야기(源氏物語)』 등에 나오는 글과 그림을 화려하게 채색한 대합 90개 이상을 바닥에 펼쳐 놓고 한 쌍을

찾아 맞추는 것으로 조개의 특성상 결코 다른 것과는 짝이 맞지 않는다는 성질을 이용하여 많은 짝을 찾아낸 사람이 이기는 것이다. 또한 가이오이는 후대에 내려오면서 한 쌍의 조개에 한 쌍인 것을 알 수 있는 그림을 그려 넣거나 와카카르타와 마찬가지로 와카의 상구와 하구를 각각 적어 놓았다.

점차 이 두 놀이 모두 두 짝을 맞추는 놀이로 변모하면서 「가이아와세(貝合)」라고 통칭하여 부르게 되었다. 『류취가합(類聚歌合)』에는 1040년에 행해진 가이아와세에 대한 최초의 기록이 등장한다. 그리고 헤이안시대의 대표적 귀족인 나카야마 다다치카(中山忠親)의 『산카이키(山槐記)』에도 가이아와세에 대한 기록이 등장한다. 11세기경 귀족들 사이에서는 조개만이 아니라 창포의 뿌리 길이를 경쟁하는 「네아와세(根合)」, 나라시대에 등장한 5·7·5·7·7의 31자 히라가나로 된 일본의 전통 단가(短歌), 우타(歌)를 누가 더 잘 읊었는지를 겨루는 「우타아와세(歌合)」 등이 성행했다.

이처럼 조개에 그림이나 우타를 적어 짝맞추기 놀이를 하던 가이오이는 카르타의 유입으로 재질과 모양이 다양해지기 시작한다. 종이 외에도 천, 비단, 나무에 그림을 붙여서 만든 카르타도 등장하였다.

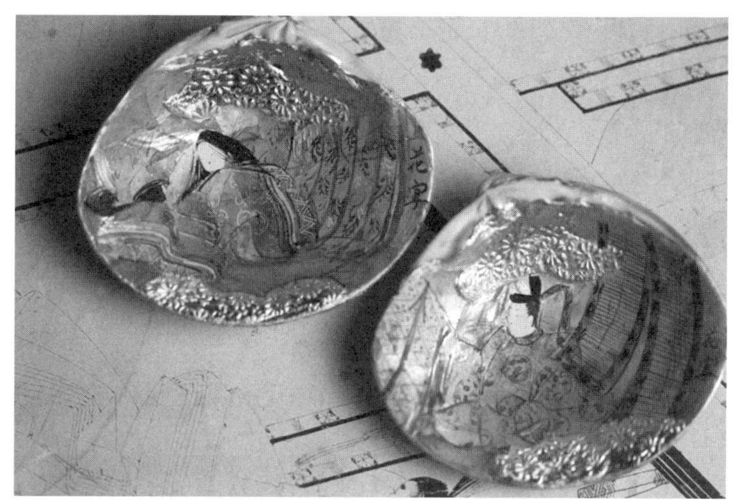

겐지이야기가 묘사된 가이아와세, 미카와공방(みかわ工房) 제공.

에도시대에 묘사된 가이아와세를 하는 여인들의 모습, 미카와공방 제공.

2) 우타카르타

우타카르타(歌カルタ)는 조개 짝맞추기처럼 일본의 전통시 우타를 두 장으로 나누어 맞추는 놀이다. 에도 초기에 등장하여 원래 일본의 전통시 우타를 외우기 위한 교육놀이였다. 헤이안시대의 왕족과 귀족들의 사랑과 삶을 그린 일본을 대표하는 11세기 장편문학 『겐지이야기』나 최초로 일본 천황의 칙령으로 10세기에 편찬된 와카집 『고금화가집(古今和歌集)』, 『이세이야기(伊勢物語)』 등 고전문학에서 발췌한 우타로 제작된 다양한 카르타가 존재하였다. 그리고 일본의 전통적인 정형시인 와카(和歌)뿐만 아니라, 풍자와 해학을 담은 쿄카(狂歌)나 짧은 정형시인 하이쿠(俳句)를 사용한 우타카르타도 있었다.

이처럼 놀이에 사용하는 다양한 물건에 유명한 우타의 상구(上の句, 시의 앞 구절)를 한쪽에 써 놓고 하구(下の句, 시의 뒤 구절)는 다른 한쪽에 써넣는다. 상구는 앞이 보이지 않게 뒤집어 쌓아 놓고 하구는 글자가 보이도록 바닥에 펼쳐 깔아 놓는다. 그리고는 보이지 않게 쌓아 놓은 상구를 한 장씩 들어 읽으면 상대편이 나머지 한 장을 찾는 놀이다. 또는 오늘날 '백인일수카르타' 놀이처럼 상구를 읽는 사람이 따로 있고 놀이에 참여하는 나머지 사람들이 바닥에 흩어

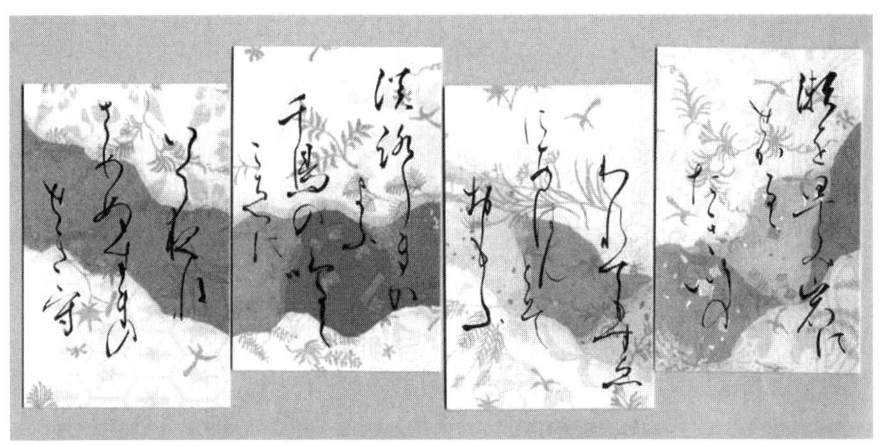

우타카르타 백인일수, 스토쿠천황(崇德天皇)의 우타.

진 하구를 찾는 식으로 진행하기도 한다. 이 놀이는 헤이안 시대의 카이오이에 서양의 카드가 더하여 만들어진 것이라 할 수 있다.

우타카르타는 글로만 되어 있는 것, 그림으로만 되어 있는 것, 그리고 사진처럼 글과 그림이 함께 섞여진 것도 있었다. 그림이 들어 있는 경우는 우타를 읊은 가인의 모습이나 풍경을 묘사한 것이 대부분을 차지한다. 우타카르타 종류 중에서 백인일수(百人一首)카르타는 100장, 『이세이야기』는 418장, 『겐지이야기』는 108장으로 우타카르타의 매수는 선택하는 가집(歌集)과 이야기책에 따라 다르게 제작되었다.

『고금화가집』은 매수가 무려 2,212장이 될 만큼 방대한 카르타로 제작되었고 벌레, 조개 등과 같은 특정한 주제의 우타로 만든 것도 제작되었다. 비록 교육용이라고는 하지만 도박적인 느낌이 나는 것을 꺼린 지식인들은 카르타와 구별 짓기 위해 크기를 장방형, 원형, 조개 모양으로 제작하였다. 명칭도 카르타 대신에 스이마쓰(続松), 우타가이(歌貝)라는 명칭이 사용되기도 하였지만 일반화되지는 않았다.

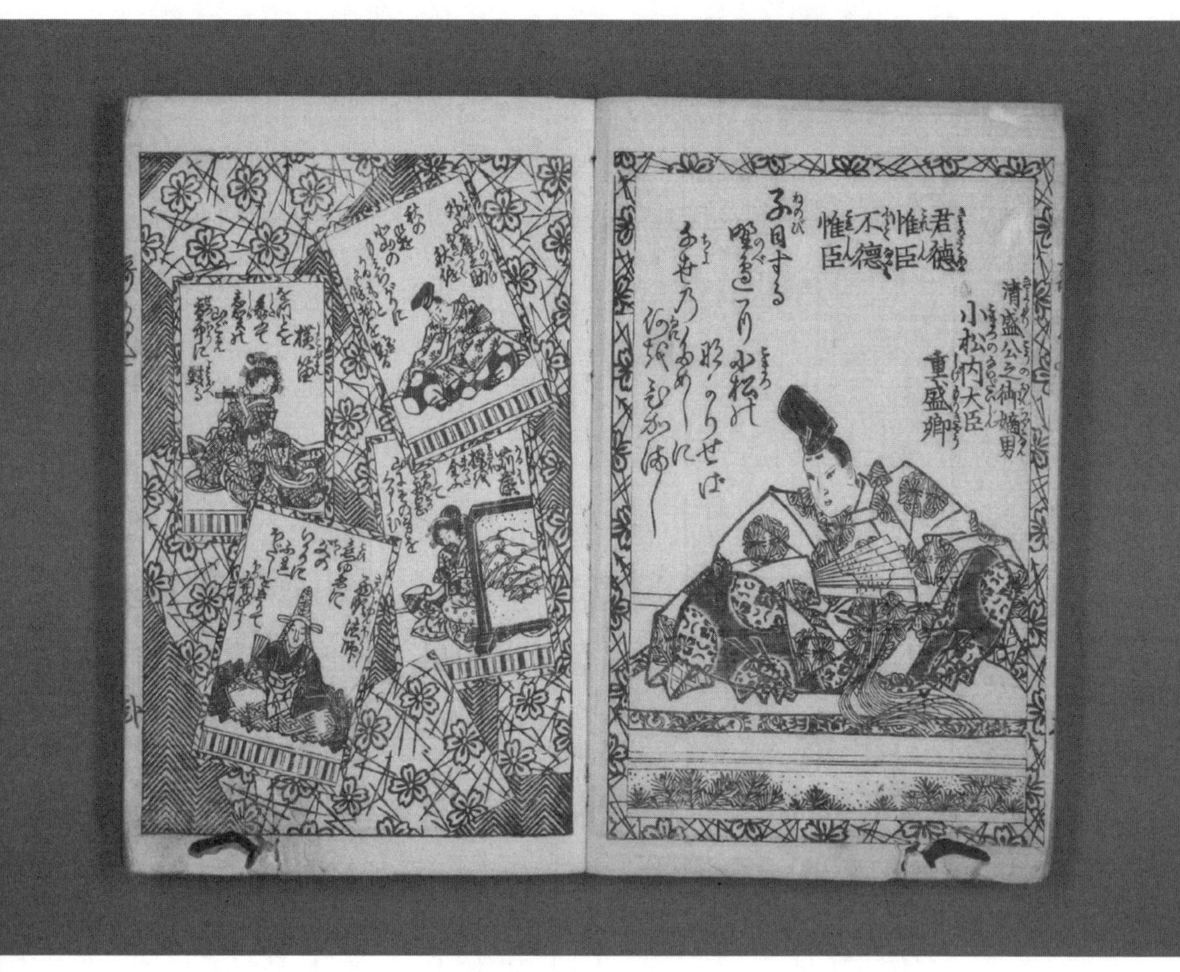

우타카르타, 스에마쓰문고(歌骨牌末広文庫) 上, 도주테이쇼치쿠(藤寿亭松竹) 글,
기타오 시게마사(北尾重政政) 그림, 1863, 와세다대학 도서관.

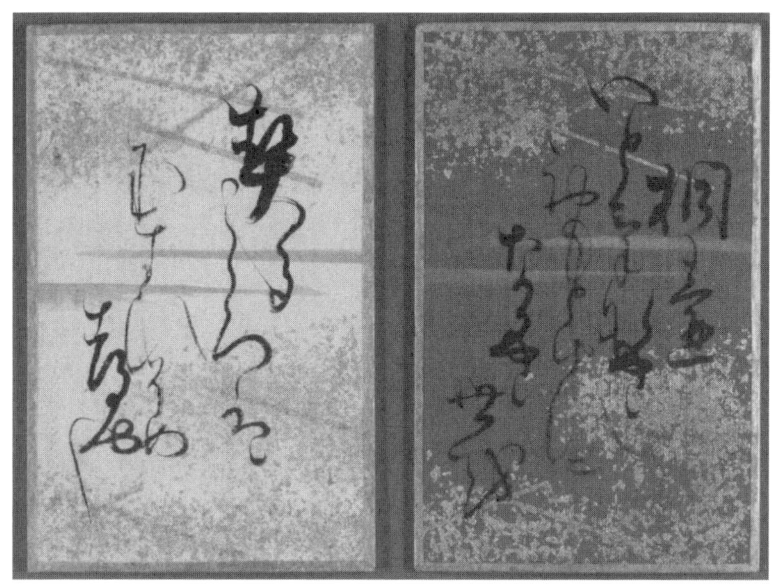

글만 있는 겐지카르타(源氏かるた), 에도 중기, 와세다대학 도서관.

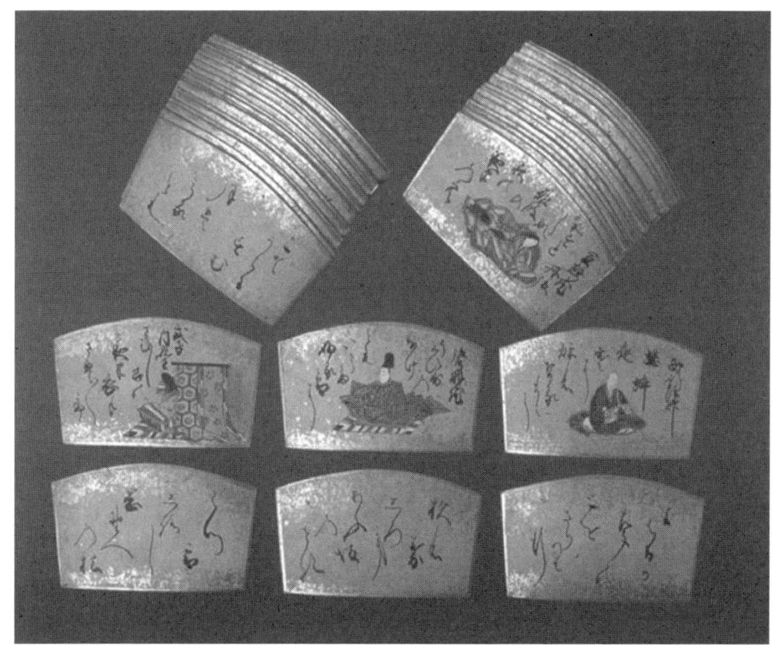

36가선(歌仙)카르타, 데키수이미술관.

3) 에아와세카르타

에아와세카루타(絵合わせカルタ)는 우타카루타와 마찬가지로 가이오이에서 발전한 것으로 에가이(絵貝)라고 부르기도 한다. 우타카루타가 우타를 외우기 위해 제작된 것이라면 에아와세카루타는 시나 우타가 아닌 말 그대로 그림으로 묘사된 사물, 혹은 이야기를 외우게 하기 위한 것이다.

주제는 주로 동식물을 비롯하여 과일, 야채 및 역사적, 사회적 사건, 지리적 지식, 용기, 도구나 직업 등 아이들이 배워야 하는 것을 다루고 있다. 이 카루타는 한쪽은 글이 쓰여 있고, 다른 한쪽은 그림이 그려져 있는 카드를 서로 짝을 맞추거나, 혹은 관련 있는 글이나 그림이 있는 2개의 카드를 찾아 짝을 맞추는 놀이다.

1675년 요시와라 기녀들 33인의 평판을 기록한 『요시하라대잡서(吉原大雑書)』에 우타카르타와 함께 에아와세카루타가 등장하고 있는 것으로 보아 에도 초기에 제작되었다는 것을 알 수 있다.

4) 백인일수카르타

가이오이에서 유래된 일종의 우타카르타인 백인일수카르타(百人一首カルタ)는 에도시대 후반에 등장한다. 시인 100명의 와카를 한 사람에 한 수씩 넣어 집대성한 와카 시집 『백인일수(百人一首)』를 가지고 카르타로 제작한 것인데 언제 누가 처음 만들었는지는 분명히 알 수 없다. 시모나카 구니히코(下中邦彦)가 1751년에서 1764년 사이에 간행한 『환유상화(歓遊桑話)』에 「오구라 색지 우타아와세카르타(小倉色紙歌合せ歌留多)」라는 기록이 남아 있는 것으로 보아 덴쇼카르타가 유행하던 시기에 카르타 형식을 빌려 제작된 것으로 추정된다.

백인일수 우타카르타를 즐기는 모습. 『왜사접목화(倭詞接木花)』 2권, 시모코우베슈스이(下河辺拾水), 1769, 일본국회도서관.

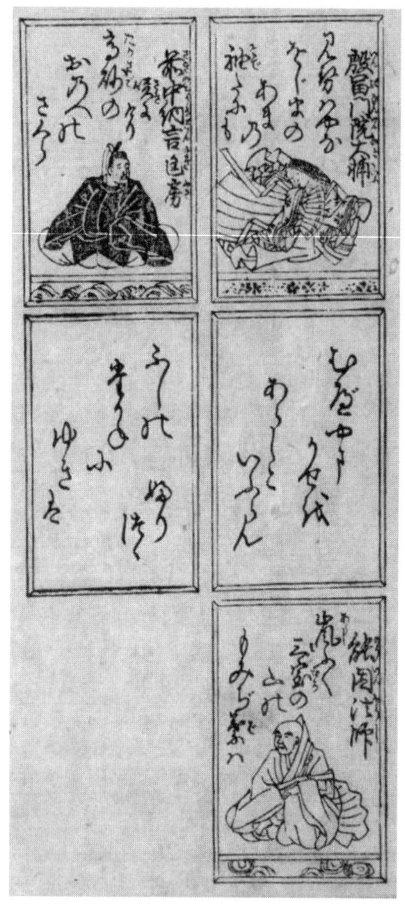

백인일수 우타카르타. 『왜사접목화』 2권, 시모코우베슈스이, 1769, 일본국회도서관.

백인일수카르타에는 가마쿠라시대의 귀족 후지와라 데이카(藤原定家)에 의해 편찬된 『오구라백인일수(小倉百人一首)』가 소재로 가장 많이 사용되었다. 계절에 관련된 우타가 32, 연가가 46, 잡가가 18, 그 외 4개로 구성된 『오구라백인일수』는 놀이를 하면서 문자나 교훈, 소담, 와카 등을 배우는 지적이고 교육적 게임으로 에도시대 중기 이후에는 설날의 놀이로 정착하였다. 오늘날에도 전국조직이 있고 매해 봄마다 전일본대회가 개최될 정도로 전통놀이로서 인기가 이어지고 있다.

5) 이로하카르타

이로하카르타(いろはかるた)의 이로하(いろは)는 현대 일본어에서 사용하고 있는 50음도에 준한 것이 아닌 그 이전에 통용되던 히라가나 순번 중 먼저 오는 い, 두 번째 순번 ろ, 세 번째 순번 は의 첫 글자에서 따온 말이다. 알파벳의 ABC처럼 가장 기초를 의미한다. 이로하카르타는 에도 중기 1764년 오사카 에도보리(江戸堀)의 치구사야신에몽(千種屋新石衛門)이 출간한 '다토에카르타(たとえかるた, 비유카르타)'에서 시작되었다. 서민들 사이에 친숙한 숙어와 속담, 격언 등을 비유에 걸맞은 그림을 그려 넣은 이 카드가 관서지방에서 선풍적인 인기를 끌자 1803년경에는 에도에서도 판매되기 시작하였다. 에도로 옮겨 가면서는 주로 알기 쉽고 재미있는 속담을 표현한 카르타로 변모하였다.

에도시대에 들어오면서는 상인들이 글자를 외우거나 속담을 공부하기 위한 카르타도 제작되었다. 1700년경 만들어진 화조카르타는 주로 글을 모르는 상인들이 문자를 외우거나, 글을 알아도 속담이나 교훈을 공부하기 위한 것으로 문자나 속담을 그림으로 그린 카르타이다. 와카카르타가 초기에 상류계급을 대상으로 제작되었던 것에 반해 이로하카르타는 일반인, 그중에서도 어린아이를 교육하기 위한 카드로 많이 제작되었다. 교토, 오사카 등 가미카타(上方)를 중심으로 발전한 귀족문화가 에도의 서민에게로 문화의 중심이 이동하는 시기에 등장하였다. 이로하카르타는 에도 서민문화를 대표하는 놀이 중 하나라 할 수 있다.

'이로하카르타'는 이로하歌(いろは歌) 47자와 京를 더한 48자를 두음으로 하는 속담카드 48장과 그림카드 48장을 한 세트로 한다. '이(い)'로 시작하여 '응(ん)'으로 끝나는 속담이나 격언을 적은 문자카드를 판에서 찾아내는 놀이이다. 문장카드 외에도 아이들에게 맞는 산수, 국어, 지리 등의 학습 카르타도 만들어졌고, 메이지·다이쇼 시대에는 교육을 위해 손자가 4살만 되어도 조부모는 이로하카르타를 사 주는 풍습이 있었다. 요즘은 이로하카르타를 하며 노는 아이들은 적어졌지만, 헤이안시대부터 상류 무사나 귀족들의 어린아이에게 사물의 이름을 외우게 하는 다양한 카르타가 있었다.

하나후다의 등장

1) 일본식 서양카드의 유행

덴쇼카르타

포르투갈어로 카드게임을 의미하는 카르타(carta)가 일본에 전해지자마자 전국적으로 엄청난 속도로 퍼졌다. 그리고 곧바로 딱딱한 종이에 일본의 정서에 맞게 변형된 일본제 카르타가 제작되었다. 에도 덴쇼시대(天正, 1573-1592)에 제작되어 덴쇼카르타(天正カルタ)라고 부르는 이 카르타의 명칭이 언제부터 사용되었는지 알 수 없지만, 문헌상 최초로 명칭이 사용된 것은 1789년에 출간된 『신판돌회어불천(新版咄会御祓川)』에서이다. 세로 6.3㎝, 가로 3.4㎝ 크기의 덴쇼카르타는 붉은색 검, 파란 곤봉, 성배, 금화 이렇게 4종의 문표(紋標)에 각각 1에서 9까지의 숫자 패와 3장의 그림 패(궁녀, 기사, 왕)가 딸려 있고 하나후다와 마찬가지로 총 48장이 한 세트로 구성되어 있다. 현재 효고현 아시야시(兵庫県芦屋市)의 데키수이미술관(滴翠美術館)에 딱 한 장만 전해지고 있다.

데키수이미술관에 유일하게 남아 있는 덴쇼카르타의 뒷면에는 미이케 쥬사다쓰구(三池住貞次)라고 적혀 있다. 여기서 미이케 지역(오늘날 후쿠오카현 오무타시)은 규슈정벌에 나선

덴쇼카르타, 데키수이미술관.

도요토미 히데요시가 다카하시 나오쓰구(高橋直次)에게 하사한 번창한 성곽 마을로 세키가하라 전투 이후 도쿠가와 이에야스의 지배로 들어간 땅이다. 이처럼 포르투갈 상관이 있던 미이케 땅에서 포르투갈에서 수입한 카드를 가지고 놀던 일본인이 일본제 카르타를 생산하게 된 것이다.

덴쇼카르타는 등장하자마자 급속도로 퍼져 주로 도박에 이용되었다. 덴쇼카르타 중에는 규슈국립박물관이 소장하고 있는 것처럼 5종 문표에 15장으로 구성된 것도 있지만, 포르투갈 카드 문양인 컵, 검, 동전, 곤봉, 왕, 기사 등의 문양이 그대로 사용되었다. 하지만 점차 카르타 도안들이 변형되어 나갔다. 포르투갈 카드를 복제하는 과정에서 일본인들의 상식으로는 이해가 되지 않았던 도상들을 일본풍으로 변형시킨 것이다. 처음에는 성배를 자루가 달린 술잔으로 묘사해 성배의 흔적을 남겼지만, 점차 자루가 없어지면서 이상한 모습으로 변해 갔다. 상하가 뒤집힌 성배가 묘사되기도 하고 급기야 복주머니 모습의 성배가 그려지기도 한다.

또한, 가운을 걸친 여전사는 남성으로 바뀌고, 스님의 모습으로 묘사되기도 하다가 나중에는 석가로 변형되었다. 10을 의미하는 카르타였기 때문에 '석가10'으로 불리기도 하였다. 이는 하나후다의 4월 패를 한국에서는 거꾸로 들기도 하고 명칭을 등나무가 아니라 흑싸리로 부르는 것과 흡사한 경우라 할 수 있다. 이처럼 하나의 문화권에서 탄생한 놀이가 다른 문화권으로 유입되었을 때, 도착한 곳의 실정에 맞추어 변해 가는 것은 쉽게 찾아볼 수 있는 일이다.

고가품으로 취급되어 일부 귀족들의 놀이도구였던 카르타 생산은 점차로 규슈지방에서 귀족문화가 발달한 교토로 이전하였다. 그 후 카르타 생산은 대도시인 교토로 옮겨 갔지만, 품질면에서 여전히 미이케에서 생산한 카르타가 우수하다는 평가를 받았다. 이 카르타가 한국으로 전래하였을 가능성이 있었을까? 전혀 없는 것도 아니다. 카르타가 생산된 때는 도요토미의 조선침략이 시작되던 시기로 싸움에 지친 병사들의 놀이수단 중 하나였다.

병사들 사이에 카르타가 지나치게 유행하면서 1597년 3월 도사(土佐, 오늘날 고치현) 영주(다이묘), 조소가베 모토치카(長曽我部元親)는 1597년 카르타 금지령을 내렸다. 도요토미 히데요시군의 본진이었던 나고야성에서 병사들 사이에 덴쇼카르타에 의한 도박이 유행하자 병사들의 사기가 저하된다는 이유에서였다. 금지령이 내려질 만큼 카르타의 인기가 높았다면 덴쇼카르타가 임진왜란 당시 조선에 유입되었을 가능성이 전혀 없지는 않을 것이다. 하지만 전쟁 중에 병사들과 조선 사람들의 일상적 교류는 불가능에 가까웠을 것으로 보여 조선에 유입되었더라도 당시 일반 조선인이 카르타를 접할 기회는 거의 없었을 것이다.

에도시대가 안정기에 들어서자 카르타 유행에 따른 피해가 잇따랐고, 도쿠가와 막부는 1648년 금지령을 내리게 된다. 하지만 카르타 도박의 피해는 전혀 줄어들지 않자 연이어 막부는 카르타 금지령에 이어서 제작과 판매 금지령까지 내린다. 한편, 1702년에는 도박을 감시 감독하는 기관(博徒考察)도 설립한다. 뒤이은 운슨카르타의 등장은 덴쇼카르타에 대한 제약이 심해지는 이 시기였을 것으로 추정하고 있다. 그렇다고 덴쇼카르타와는 전혀 다른 카르타를 만들어 낸 것은 아니다.

운슨카르타

1700년경 덴쇼카르타는 모습을 감추고 그 대신 도상이 일본풍으로 변한 운슨카르타(うんすんカルタ)가 등장한다. 공인된 카르타이면서 화려한 그림으로 인기가 있었던 운슨카르타의 유래는 정확하게 알려진 바는 없지만 1688년에서 1703년경에 만들어진 것으로 추정되고 있다. 도안은 덴

쇼카르타의 검, 곤봉, 성배, 화폐에 소용돌이 문양을 더해 5가지 종류에 15장으로 수를 늘려 총 75장으로 만들었다. 숫자 패는 1부터 9까지 9종, 그림 패는 원래 1을 의미하는 로바이와 소우타(여전사), 우마와 가바(기마무사), 기리와 레이(무인), 운(복의 신, 달마)과 슨(중국사람)이라는 6종의 패가 더해져 15종류가 되었다. '운슨'의 어원은 포르투갈어의 um, sum에서 유래된 것으로 보고 있다. 1768년에서 1822년에 이르기까지 시정잡기를 기록한 오타 난보(大田南畝)의 『반일한화(半日閑話)』에도 놀이방법이 소개되는 등 운슨카르타는 상당히 대중화되었음을 알 수 있다.

이 카르타의 문양에도 용이나 기사, 여사제 등 포르투갈 카드의 흔적이 남아 있다. 여기서 '운'은 1을 '슨'은 최고를 의미한다. 일본말로 '운이라고 슨이라도 말하지 않는다(うんともすんとも言わない 아무런 대꾸도 하지 않는다는 의미)', 혹은 '운이나 슨이라도 말해봐(うんとかすんとか言ってみろ 뭐라고 말 좀 해봐라는 의미)'라는 말을 만들어 내기도 하였다. 또한, '핀에서 기리까지(ピンからキリまで 가장 나쁜 것부터 가장 좋은 것까지라는 의미)'라는 말도 카르타 놀이에서 1을 의미하는 핀, 마지막 숫자를 의미하는 기리에서 유래한 말이다. 이처럼 카르타 용어가 일반화되었다는 것은 카르타가 일반 서민의 생활까

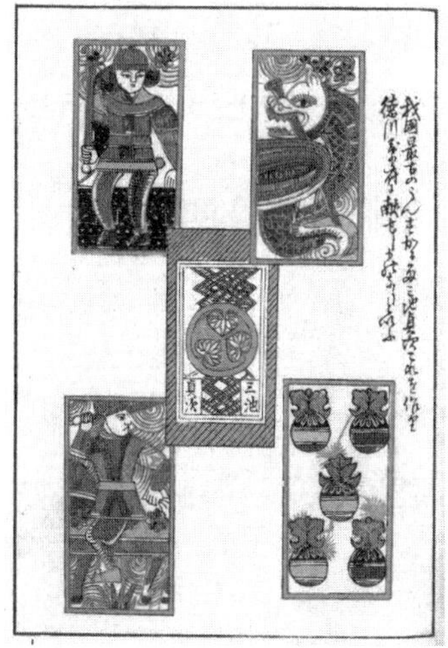

일본 최초의 국산카르타, 운슨카르타. 미야케 사다지로에 의해 제작되어 막부에 기증된 것이다.

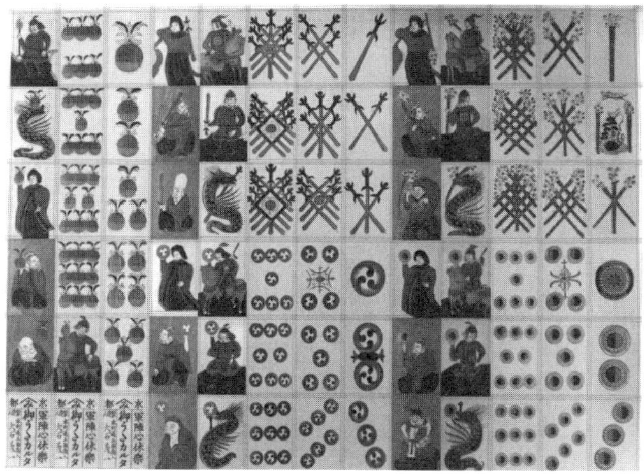

운슨카르타, 오이시텐구도(大石天狗堂) 판매.

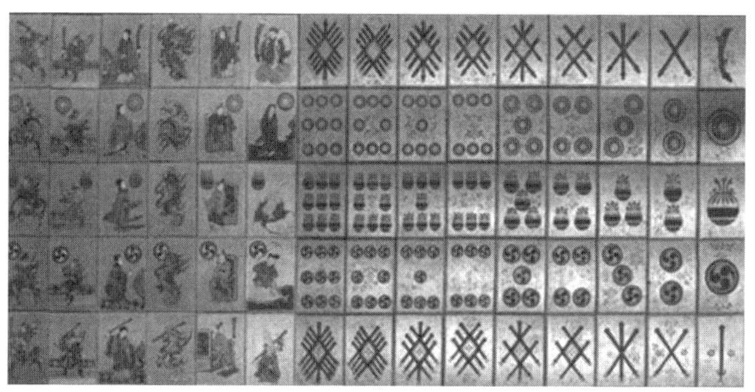

금지(金地) 운슨카르타, 데키수이미술관.

지 파고 들었다는 것을 의미한다. 운슨카르타는 막부 공인 카르타로 놀이 기능만을 강화하려 하였으나, 덴쇼카르타와 마찬가지로 도박의 도구로 전락한다. 결국, 간세이개혁(寛政の改革, 1787-1793)으로 도박이 전면 금지되었지만 이는 어디까지나 표면적인 조치로 여전히 도박에 사용되고 있었다.

도박용 성격이 강해지면서 카드의 색채도 빨강, 감색 만이 사용되었고 카드에 묘사된 인물이나 사물의 도상도 매우 간단하고 추상화되면서 기독교 의식에 사용되는 성배가 거꾸로 묘사되거나 승려 차림을 한 여전사 등이 등장하는 도상으로 변형되기도 하였다. 18세기 후반부터는 놀이방식이 '뒤집다'라는 뜻의 일본어 메쿠리(めくり)가 주축이 되었는데 현재의 화투와 비슷한 놀이방식이다. 그리고 놀이방식에 따라 사용되는 카드의 수도, 종류도 모두 달랐다.

2) 일본식 카르타인 하나후다의 등장

간세이개혁은 8대 쇼군, 도쿠가와 요시무네(徳川吉宗)시대에 그의 손자인 마쓰다이라 사다노부(松平定信)가 행한 일련의 개혁정책이다. 더욱이 다누마 오키쓰구(田沼意次)에 의해 실패한 상업중심정책의 피해자인 농민들의 반발을 잠재우기 위한 정치개혁이었다.

다누마가 실권을 잡은 다누마시대(田沼時代, 1767-1786)에는 막부가 중시하던 농업을 상업 중심으로 변화시켰다. 이는 사회에 활력을 주기 위한 정책으로 경기가 일시적으로 좋아지고 사회는 활기를 띠는 듯했다. 하지만 상업을 우선시하는 정책으로 말미암아 농촌은 피폐해졌고 농민들은 농업을 버리고 도시로 몰려들었다. 농업의 몰락으로 인한 생필품 가격의 상승은 심한 인플레로 이어졌고 막부에 대한 원망이 하늘을 찌를 듯하였다. 그리고 이 시기에 도박도 활개를 쳐서 법망을 교묘히 피해 가며 귀족에서 무사, 서민까지 도박에 심취하였다. 농민반란 등 사회불안이 고조되는 가운데 해결책으로 상업의존정책을 버리고 다시 농업보호정책을 펴면서 농민, 무사들에게 근검절약을 강요한 것이 간세이개혁이다.

상업 자본과의 유착과 뇌물 정치로 인해 다누마가 실각한 후, 1787년 마쓰다이라 사다노부에 의한 간세이개혁이 대대적으로 이루어지자 카르타 금지령이 내려지고 한동안 자취를 감추게 된다. 상업 자본을 억압하고 농업 중심의 정책을 중시하던 간세이개혁 이후 우타카르타나 이로하카르타와 같이 교육용으로 제작된 카르타 이외의 덴쇼카르타, 운슨카르타 등 도박에 사용된 카르타의 제조·판매는 전면 금지되었기 때문이다.

이때, 막부의 눈을 피하려고 일본의 우타(歌)라는 고전시문학과 일본화의 주 소재인 꽃과 새, 자연물, 즉 화조풍월의 세계를 합쳐 만든 것이 하나카르타(花カルタ)라는 견해가 많지만, 현존하는 하나후다의 모습과 비교해 보거나 당시 하나후다의 가격이 고가였다는 점을 고려할 때 그 관련성은 희박해 보인다. 하나후다가 도박으로 사용된 카르타의 대용품으로 만들어졌다고 보기보다는 와카의 전통에서 볼 때, 1700년대 후반에 우타카르타 전통을 기반으로 새롭게 생겨난 것으로 추정해야 할 것이다. 왜냐하면, 도박의 도구로 보기에는 하나후다에 묘사된 그림들이 일본의 고전적 전통과 매우 밀접한 연관성을 보이기 때문이다.

하나후다의 원형

하나후다는 1800년경을 전후로 등장하지만, 서양의 카드를 모방한 카르타에서 바로 하나후다가 등장하는 것이 아니라 여러 단계를 거치게 된다. 그중에서 하나아와세카르타(花合わせ骨牌)는 화투의 가장 오래된 형태이다. 기존의 덴쇼카르타나 운슨카르타와 전혀 다른 성격의 카르타로 형태는 빌려 왔지만 포르투갈 카드의 모양을 베끼는 것이 아니

라 일본의 고전과 화조풍월이 합쳐져 탄생한 것이다.

하나아와세카르타의 등장은 전혀 다른 카르타의 탄생을 예고한다. 하나카르타, 하나아와세(花合わせ), 하나아와세카르타, 무사시노(武蔵野) 등으로 불린 이 카르타는 구성도 '4종×12매, 총 48매'에서 계절감을 중시하는 일본의 전통에 따라 '12종×4매, 총 48매', 즉 12개월에 4장의 패가 각각 딸린 형태로 변형되었다. 서양카드의 형식과 일본 고유의 짝맞추기 놀이가 접합된 하나후다가 어떻게 탄생하게 되었는가는하나카르타에서 하나후다로 변모해 가는 과정에서 찾아볼 수 있다.

하나아와세카르타

하나아와세카르타는 종래의 포르투갈 카드를 흉내 내어 만든 덴쇼카르타와 운슨카르타와 달리 화조풍월이라는 일본 문예의 전통을 살린 최초의 카르타라는 점에서 주목할 만하다. 목판에 채색한 하나아와세카르타는 우타카르타처럼 『고금화가집』, 『이세이야기』, 『신고금화가집』 등의 잘 알려진 우타를 상구와 하구로 나누어 적어 놓은 것도 있고 에카르타처럼 나팔꽃, 난초 등의 그림에 소재의 이름을 써 놓은 것도 있다. 그런데 소재는 소나무, 매화, 창포, 억새, 단풍과 학, 꾀꼬리, 팔각다리(八角橋), 달, 사슴, 곤충 등 하나후다와 거의 유사한 소재를 사용하고 있을 뿐만 아니라, 도상면에서도 유사점을 보이고 있어 하나후다의 전형으로 보고 있다.

하나아와세카르타는 늦어도 1700년 중후반에는 등장하였다. 그 근거로 야마토 코오리야마(大和国郡山藩)의 영주 야나기사와 노부토키(柳沢信鴻)의 『연유일기(宴遊日記)』에 '기스케에게서 하나아와세카르타를 받다(儀助二ニ花合わせ骨牌お隆貰ふ)'라는 기록이 등장하기 때문이다. 이것은 1773년 12월의 일기로 하나아와세에 관한 가장 오래된 기록이다. 관서지방으로 파견 나갔던 가신(家臣) 다다무라 기스케(田村儀助)가 자신의 첩, 오다카에게 관서지방의 토산물로 하나아와세를 주었다는 내용이다.

일찍 은퇴한 야나기사와는 에도의 고마고메(駒込)에 일명, '리쿠기엔(六義園)'이라는 운치 있는 별장을 지어 유유자적한 삶을 보냈다. 해마다 설날에는 가신들과 밤새 〈요루카르타(夜骨牌)〉 행사를 개최하여 백인일수카르타 등과 같은 카르타를 즐겼다고 전해진다. 그래서 가신인 다무라가 하나아와세카르타를 야나기사와에게도 선물한 것으로 보인다. 다시 말하면 하나아와세카르타가 상류사회의 유희물이었으

하나아와세카르타, 에도 초기, 마츠이카루타자료관.

각종 직업을 소개한 책에 소개된 카루타 제작 직종, 하나후다가 얼마나 유행했는가를 짐작게 한다. 『채화직인부류(彩画職人部類)』, 다치바나 민코(橘岷江), 1784, 일본국회도서관.

며, 오사카, 교토의 토산물로 에도에서는 하나아와세카르타를 구하기 힘들었다는 것을 의미한다. 물론, 이 하나아와세카르타는 48장으로 구성된 것이 아닌 좀 더 많은 숫자로 구성되고 금은으로 채색된 고가의 카르타였을 것이다.

구성은 오늘날과 달리 매우 다양하였다. 2백여 장에서 4백 장이 넘는 카르타로 구성된 하나아와세카르타는 4종류로 구분되고 각각의 종류에는 꽃, 풀, 나무, 동물, 새 등을 넣은 카르타가 50개에서 많게는 100개까지 구성된 것도 있었다. 안에이(安永, 1772-1781) 시기에는 53종의 202장에 초목, 새, 동물, 달, 해, 그릇 등이 묘사된 '아와세카르타(合わせカルタ)'가 있었다. 이처럼 많은 양으로 구성된 하나아와세카르

타는 에도 중기 이후에는 12가지 문양에 48장을 한 조로 구성된 것이 주로 사용되었고 그 구성이 오늘날 하나후다의 구성으로 정착하였다.

그런데 그로부터 얼마 되지 않은 1833년 출간한 하마마츠 우타구니(浜松歌国)의 『섭양기관(摂陽奇観)』 1819년 기사에 '当春 花合せ停止 武蔵野ともいふ歌留多也(올봄에 하나아와세가 정지되었다. 그건 무사시노라고 불린 카르타이다)'라는 기록이 남아 있다. 이 기록은 '하나아와세(花合)'라고 표기한 가장 오래된 기록이다. 그해 오사카에서도 '하나아와세' 또는 '무사시노(武蔵野)'라고 불린 카르타가 금지되었다. 여기서 생각해 봐야 할 사항은 영주에게 선물할 만큼 고급 유희품으로 인식되었던 하나아와세카르타가 반세기도 되지 않아 금지처분을 당했다는 점이다. 그러면 『연유일기』에 등장하는 하나아와세카르타(花合わせ骨牌)와 『섭양기관』의 하나아와세카르타(花合せ)가 과연 같은 것이었을까?

메이지시대의 향토완구연구자, 시미즈 세이후(清水晴風)는 간세이 시기에 도박으로 사용된 운슨카르타에 대한 막부의 탄압과 감시가 엄격해지자 운슨카르타를 도박적 요소가 없는 것처럼 꾸몄다고 주장한다. 문양은 귀족들이 사용하던 하나아와세카르타의 전통요소를 삽입하고 여기서 48장만을 골라내서 저급한 '하나카르타'를 만들었고, 이것이 하나후다로 이어졌다는 그의 이러한 견해는 오랫동안 정설로 이어져 왔다. 하지만 이후 많은 학자는 포르투갈에서 서구의 카드가 유입된 지 400년이 지나 제작된 하나후다가 막부의 눈을 피하려고 만들어진 것이라 보기는 어렵다고 말한다. 카르타와 하나후다는 전혀 다른 전통에서 제작된 것으로 근본적으로도 다른 것이라고 봐야 한다는 것이다.

메이와(明和, 1764-1772) 시기에도 일류 화가가 직접 그린 대형 '하나아와세'카르타가 제작되었고, 서민을 위해 목판으로 제작한 소형 카르타와 무사시노도 존재하였던 것으로 추측된다. 그런 이유로 오늘날 우리가 알고 있는 하나후다의 형태는 최소한 18세기 후반에 독자적으로 성립된 것으로 봐야 할 것이다.

하나아와세카르타가 언제부터 하나후다로 불렸는지 정확하지는 않다. 하지만 카르타를 후다(札)로 부르는 경우는 주로 도박을 검거할 때 경찰이 사용하는 용어라는 것을 생각해볼 때, 하나아와세카르타가 도박용으로 사용되던 시기에 하나후다라는 용어가 등장하였을 가능성이 있다. 또한 구성면에서도 하나아와세카르타가 백 장에서 2-3백 장까지 대량으로 구성되어 있었던 것과 달리 하나후다는 48장으로 대폭 축소된다.

메이지시대가 되면 종래의 하나후다의 구성도 사계를 의미하는 4종에 각각 12장이 딸려 있는 구성에서 12종에 각각 4장이 딸려 있는 형식으로 바뀐다. 하트나 에이스 등 이국적 문양을 일본인의 감성에 맞는 봄, 여름, 가을, 겨울로 바꾸었다. 서양의 카드가 4종류에 48장인 것에 비해 하나후다는 12종류에 48장으로 형식을 바꾼 일본판 카드로 바뀐 것이다. 12라는 단위는 12개월을 나타내는 것으로 월별의 감각, 연중 행사적 요소를 삽입하였다. 도상은 춘하추동으로 변화하는 계절감을 살려 각각의 계절에 맞는 나비, 사슴, 멧돼지, 등나무, 등 화초, 동물, 곤충, 풍물 등을 배치하여 일본인의 정서에 맞는 카드가 되었다. 즉, 형식이 역전되면서 1년 4계절이라는 계절의 의식이 도입되었고, 거기에 일본의 전통적인 연중행사의 개념이 도입된 것이다.

3) 하나후다의 탄생

간세이개혁 이후 도박으로 사용되는 카르타가 전면 금지됨에 따라 하나후다는 일본의 풍월을 모티브로 하여 변화된 형태로 등장한 것으로 알려졌다. 그러나 하나후다가 '하나아와세카르타'의 전통을 이어받아 탄생했다는 것은 문양에서만이 아니라 초기에는 하나후다에 와카가 적혀 있는 카르타로 제작되었다는 것에서도 알 수 있다.

이처럼 일본화의 도상을 빌린 하나후다도 시간이 지남에 따라 여타의 카르타와 마찬가지로 도박적 성향을 띠게 되었고 이에 막부로부터 금지령이 내려지게 된다. 하나후다 및 하나아와세카르타 금지령이 공식적으로 처음 등장하는 것은 1831년 일이다. 그 후 하나후다는 1841년의 덴포개혁(天保の改革)으로 다시 된서리를 맞아야 했다. 덴포개혁은 에도 막부 12대 쇼군, 도쿠가와 이에요시(徳川家慶) 시대에 미즈노 다다쿠니(水野忠邦)에 의해 행해진 개혁으로 국내적으로는 오시오 헤이하치로(大塩平八郎)의 난이 일어나고 국외적으로는 중국에서 아편전쟁이 발발하는 등의 불안한 상황 속에서 이루어진 것이다.

덴포개혁은 근검절약과 중농주의(重農主義)를 주요 골자로 하는 정치·경제개혁으로 3년에 걸쳐 백성들에게 검약령을 내리고 풍속검열을 시행하였다. 이에 따라 가부키극장들은 에도 교외(아사쿠사)로 이전하고 만담, 구담 등을 행하는 요세(寄席, 대중공연장)가 폐쇄되는 등 국민의 놀이문화가 큰 타격을 받았다. 하나후다도 금지되어야 할 것 중의 하나였다. 그러나 풍속연구가 기타가와 모리사다(喜多川守貞)가 1853년

유녀유락도병풍(婦女遊楽図屏風), 에도 초기, 야마토문화관 소장.

에도풍속도(江戸風俗図), 미야가와 쵸 (宮川長春), 1698, 대영박물관.

산토쿄덴(山東京伝), 산토교덴전집 제1권 중 카이쵸랴쿠노 메쿠리아이이(開帳利益札遊合), 1778.

요사와라 유녀의 하나후다도박도, 『풍속삼국지(風俗三国志)』, 우타가와쿠니사다(歌川国貞), 에도 중기.

에 발간한 에도 후기 풍속지 『모리사다만고(守貞漫稿)』에는 포르투갈에서 유입된 카르타에 관한 설명과 더불어 하나아와세카르타를 벚꽃, 매화, 오동, 국화, 모란 등을 채색하여 승부를 가리고 노는 놀이라고 소개할 만큼 에도 말까지 하나후다의 인기는 수그러들지 않았다는 것을 알 수 있다.

법학자이면서 하나후다 연구가인 법정대학 교수 에바시 다카시(江橋崇)는 원래 하나후다가 일반 서민들의 사교의 도구일 뿐 그다지 도박적 성향을 띠지는 않았다는 점을 들어 에도시대의 메쿠리후다(めくり札)의 대용품으로 이해하는 것에 의문을 제기한다. 그 근거로 에도 시기, 하나후다를 금지했다거나 규제했다는 기록이 거의 남아 있지 않다는 것이다. 그런면에서 1831년에 행해진 최초의 하나후다 규제는 비공식 매춘 등 해악(害惡)을 범하고 있는 여자조루리(女浄瑠璃)에서 '하나아와세카르타(花合わせカルタ), 하나아와세(花合わせ)' 등이 행해졌기 때문에 하나후다 매매가 금지되었다는 것이다. 이는 하나후다에 대한 금지라기보다는 여자조루리에 대한 규제였으며, 마찬가지로 에도시대의 하나후다 금지령의 예로 사용되는 1843년의 처벌 건에 관해서도 이는 하나카르타 처벌이 아닌 메쿠리카르타 판매금지였고, 우연히 사건에 휘말린 사람의 짐에 하나후다가 들어 있어서 처

무사시노하나후다, 에도 초기, 마츠이카루타자료관.

벌을 받은 것이라고 지적한다.

일반적으로 지방이라고 하면 수도, 교토 이외의 지역을 말하겠지만 하나후다의 세계에서는 교토가 중심지였고 제작, 판매는 교토, 오사카가 거의 독점하였다. 그러나 하나후다가 전성기를 맞이하는 에도 말에서 메이지 초기(19세기 말경)에는 여러 지역에서 하나후다가 제작되기 시작하였다. 그로 인해 메이지 초기에는 오늘날 통용되는 하나후다와 거의 비슷한 디자인이 통용되었다.

이때 전국적으로 확대된 하나후다의 인기가 대단하자 도박의 피해를 우려한 막부는 카드게임 금지령을 내린다. 이것을 피하려고 하나후다는 여러 차례 디자인이 변형되었다. 이 과정에서 지방마다 특색 있는 카드가 제작된다. 대표적인 지방카르타는 1880년부터 카르타 제조와 판매를 시작한 교토의 오이시텐구도(大石天狗堂)가 제작하여 주코쿠(中国), 시코쿠(四国) 지방에서 통용된 '에치고하나(越後花)'가 있다. 그리고 야마카타현의 '야마가타하나(山形花)', 이와테현을 중심으로 동북지방에서 사용된 '하나마키하나(花巻花)', '남베바나(南部花)', 오카야마(岡山)의 '비젠바나(備前花)' 등도 있다. 1901년 포스터에서 보이는 「닌텐도당 제조 카르타 주요상표(任天堂製かるた主要商標)」라는 제목에서 서로 다른 6종류의 하나후다가 나온 것을 알 수 있다. 여기에는 매수가 48장이 한 세트인 것과 40장이 한 세트인 것도 있었다.

메이지시대의 하나후다

1) 금지와 해금

1868년 메이지유신은 성공적으로 시작되었지만 막부군의 패잔병과 메이지 정부에 반기를 든 무장 세력들에 의해 각처에서 반란과 암살이 속출하는 상황이 계속된다. 1873년 메이지 정부는 정권안정을 위한 강력한 치안유지의 방안으로 구습타파정책과 풍속을 해하는 행위에 대한 강력처벌법을 시행하기에 이른다. 이 법은 단순히 도박범만이 아니라 자유민권운동 등 반정부운동에 가담한 자들도 대상으로 하였다. 그 과정에서 하나후다를 비롯한 골패류는 '사회 풍기를 해치는 유희'로 규정되었다.

그렇게 시행된 개정율령 제271조는 도박용으로 하나후다를 파는 자에게는 도박자와 같게 처벌하되 누범은 가중 처벌토록 하였다. 이것은 골패(하나후다 포함) 매매자 및 도박자가 강도와 동일시될 정도로 강도 높은 규제를 받았음을 보여 준다. 즉, 도박은 온 국가가 일심 단결하여 부국강병을 위해 노력하는 애국의 정신에 반하는 반역적 행위로 치부되었다.

1880년 공표(1882년, 시행)된 일본 최초의 근대적 형사공소법인 치죄법(治罪法)은 프랑스 치안법을 기초로 제정되어 서양식 법 제도를 통하여 도박에 관한 처분이 이루어졌다. 하지만 이 법으로는 도박자를 처벌하기 어렵다는 판단으로 일선 경찰이 도박범을 체포하면 재판 없이 무거운 징역형이나 거액의 벌금형을 부과할 수 있도록 처벌이 강화되었다. 골패를 제조하거나 수입하는 경우에는 한 세트당 세금을 부과하거나 무거운 징역형과 거액의 벌금을 물려 골패로 인한 범죄자가 속출하였다. 또한 도박범 중 탈옥한 자에게는 단두형을 내릴 수도 있었다.

다시 거론하겠지만 1880년을 전후로 관동지방을 중심으로 일본 전통시 우타가 없는 하나후다, 즉 교육이 아닌 도박을 목적으로 하는 하치하치(八八)형 하나후다가 등장하여 엄청난 인기를 구가하였다. 이 하나후다는 메쿠리카르타와 마찬가지로 3명이 7장씩 나눠 갖고 6장을 바닥에 늘어놓으며 나머지 21장을 쌓아 놓고 짝을 맞추는 놀이로 하치하치하나(八八花), 또는 요코하마 유곽에서 유행이 시작되었기 때문에 요코하마하나(横浜花)라고 불렸다. 우리나라에서 민화투라고 불리는 놀이이다.

그런데 1886년, 이토 히로부미 정부는 갑자기 골패류를 해금 조치하며 카르타 금지령도 해제하였다. 강하게 도박을 규제하던 메이지 정부가 왜 하나후다를 해금한 것일까? 당시 서양인 혹은 서양으로 유학을 다녀온 사람들에 의해서 일본에서 서양카드가 큰 인기를 끌었다. 일본 정부에서 서양카드가 도박에 악용된다는 이유로 수입을 금하자, 외국공사관들은 카드가 원래는 도박용이 아닌 유희용 완구로 서양에서는 건전한 놀이로 인정받고 있는데 일본은 도박으로 취급하여 금하는 것은 너무 무분별한 처사라며 항의하였다.

이에 일본 정부는 서양카드가 도박으로 사용되는 경우는 처벌하지만, 오락용으로 사용되는 경우에는 용인한다는 방침을 세웠다. 서양카드는 용인하면서 하나후다를 비롯한 일본카르타를 금지할 수 없었던 정부는 결국, 1885년 말에 하나후다 금지령을 해제하고 판매를 공식적으로 허용한다. 나아가 1889년에는 하나후다 외에 금지되었던 카르타도 해금조치를 내릴 수밖에 없었다.

하나후다 해제가 내려진 다음 해인 1886년에 오사카 신

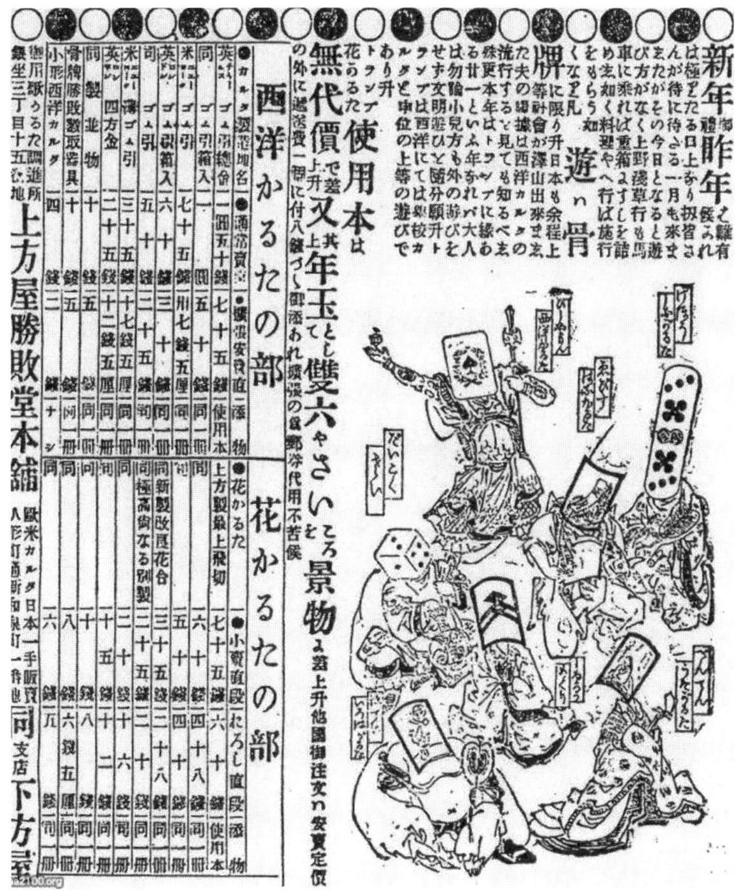

마에다 기헤가 운영하는 가미카타야에서 1888년 1월 1일에 낸 서양트럼프와 하나카르타의 광고.

사이바시(大阪心斎)에서 서점을 운영하던 마에다 기헤(前田喜兵衛)는 도쿄로 상경하여 긴자에 가미가타야(上方屋)라는 서점을 열었다. 여기서 하나후다를 판매하며 『하나카르타사용법(花かるた使用法)』(竹窓山人 著), 『서양카르타의 교사(西洋かるたの教師)』(前田多門 編著), 그리고 1888년에 『하나카르타트럼프치는 법 및 비전(花かるたトランプ引方並に秘伝)』(自由居士 著) 등 하나후다 관련 서적들을 출간한다. 마로마로샤(團團社)에서도 서양카드, 하나후다 등의 놀이방법에 대한 서적들이 출간될 정도로 하나후다의 인기는 일반인 사이에서 절정을 맞게 된다.

그러면서 하나후다는 위로는 귀족, 정부관료, 사법계, 경제계는 물론 학교, 군대, 화류계, 일반 서민에서 어린아이들까지 메이지 사회 곳곳에 침투하여 그야말로 국민 놀이라 해도 과언이 아닐 정도로 인기를 끌게 된다. 그러한 단면은 당시의 여러 기록에서 찾아볼 수 있다. 이토 히로부미 내각에서 법무부와 체신성 장관 등을 역임한 스에마쓰 겐초(末松謙澄)가 영국공사관에 근무하던 중 일본의 풍속, 제도, 예술, 사상 등을 소개하기 위해 집필한 『일본의 모습: 여름의 꿈(日本の面影: 夏の夢)』(育英舍, 1906)이라는 서적에서 다음과 같이 설명하고 있다.

『하나카르타 사용법』 표지, 연도미상, 와세다대학 도서관.

가족이 모두 화투를 즐기는 모습, 『하나카르타 사용법』 중에서.

원래 서양 골패의 모양은 난잡하고 거기에 약간 속된 것처럼 보이지만 우리나라의 그것에는 시취(詩趣)와 비슷한 장점이 있다는 것을 봐야 한다. 즉, 골패에는 1년 동안의 달마다 특징을 잘 나타내는 물건을 묘사하는데, 그 대부분은 꽃으로 벚꽃, 매화, 창포, 등나무, 목단 등을 그리고 혹은 거기에 새와 짐승, 달, 비 등을 나타내고 있다. 한 계절마다 4장씩 패가 있어서 총 48장의 패가 있다. (중략) 나는 결코 허영심으로 이같이 말하는 것이 아니며 원래 카르타는 그렇게 자랑하기에 부족함이 없다고 할 만큼 대단한 것이 아니지만 나는 그저 본 대로 사실을 말하는 것에 불과하다.

하나후다를 일본을 대표하는 풍속의 하나로 소개한 스에마쓰는 도안이 일본의 계절 변화를 나타내는 꽃, 새, 짐승 등 일본인의 시적 취향을 나타내는 운치 있는 놀이라고 소개하고 있다. 메이지시대를 대표하는 국문학자 하가 야이치(芳賀矢一)도 일본인의 국민성을 10가지로 나누어 설명한 『국민성십론(国民性十論)』(1908)에서 '일본의 유희 중에 하나아와세라는 것이 있다. 이것은 그 옛날부터 행해진 가이아와세(貝合)에서 변화한 것으로 (중략) 사계절의 꽃을 여기에 맞

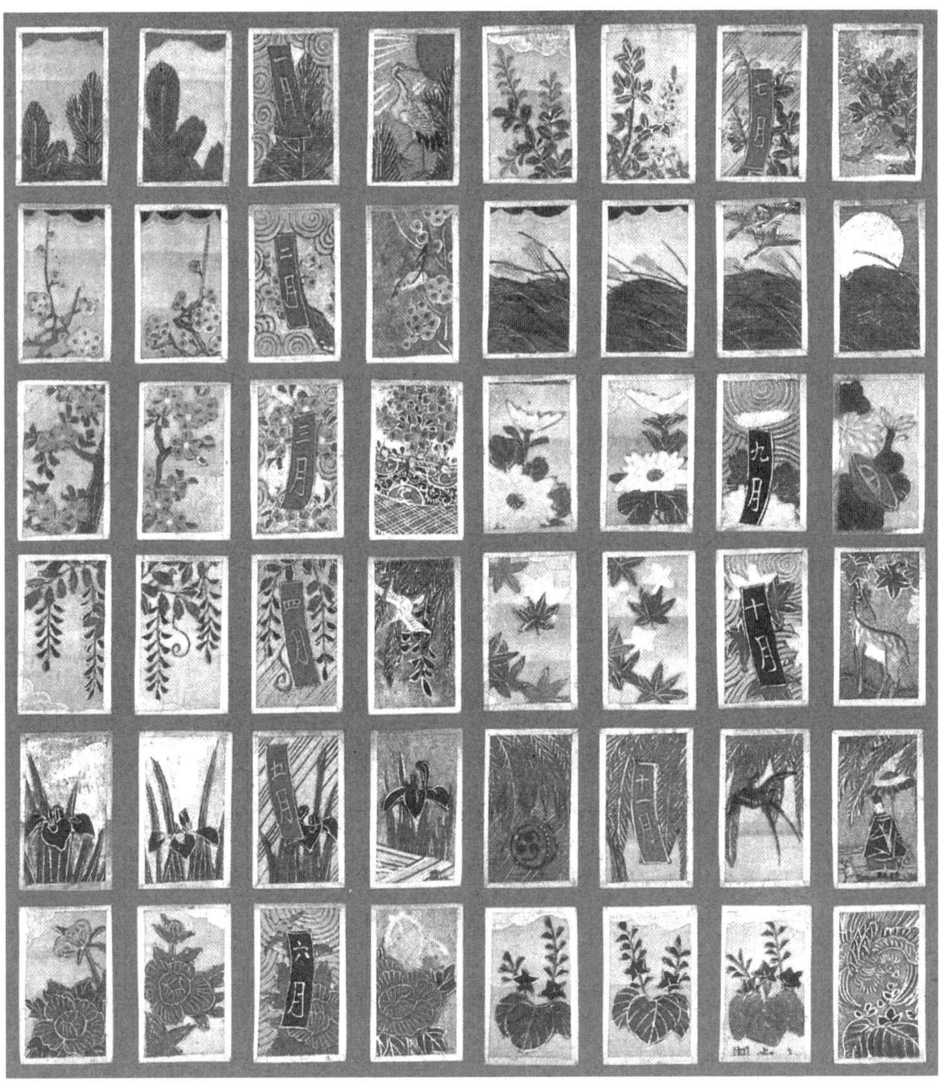

교토 오이시텐구도사가 제작한 하나후다.

춘 것은 일본인으로서의 취미를 드러내는 것이다'라고 언급하고 있다.

하나후다에 대한 메이지시대 일본인들의 이러한 인식은 하나후다 금지령을 폐지한 초대 총리대신인 이토 히로부미에게서도 찾아볼 수 있다. 이토는 외국 방문 시, 일본토산품으로 하나후다를 증정하기 위해 하나후다 제작자인 오이시 텐구도(大石天狗堂)에게 일본화로 아름답게 묘사된 초기 하나후다를 재현하도록 하였다. 일명 '총리대신 하나카르타(総理大臣の花かるた)'로 불리는 것으로 오늘날에도 복원되어 판매되고 있다. 이는 이토를 비롯한 메이지를 대표하는 지식인, 정치인들이 하나후다를 서구의 카드처럼 일본의 전통적인 놀이문화로 인식하고 있었음을 뒷받침하고 있다.

물론, 하나후다의 폐해가 전혀 없었던 것은 아니다. 『가정의 오락』(1915)은 '하나카르타는 취향이 시적이며 구조가 과학적이며 놀이방법이 정취가 있어 세계 실내 유희계에서 아마도 이 같은 것을 볼 수 없는 것으로 우리나라의 국가놀이(國戲)로 크게 자랑할 만한 것으로 생각하지만, 안타까운 것은 비천한 자들이 이것을 비천한 도박에 사용하고 있어 마음이 있는 자는 이것을 보면서 이맛살을 찌푸린다'며 스에마쓰와 마찬가지로 일본의 자랑스러운 놀이문화라고 치

켜세우면서도 일부 사람들이 하나후다를 도박의 수단으로 사용하고 있는 것에 안타까움을 토로하고 있다.

이처럼 1880년대 후반, 하치하치 하나후다로 전환된 하나후다는 골패해금으로 국민적 오락용품으로 정착하면서 여성과 아이들에게까지도 인기를 끌었다. 오늘날 세계적 명성을 날리고 있는 게임업체인 닌텐도는 교토에 1889년 '닌텐도골패(任天堂骨牌)'사를 창업하여 하나후다의 대명사가 되기도 하였다. 하지만 이러한 유행은 1902년, 골패세의 시행으로 하나후다 가격이 2배 이상으로 뛰면서 전국의 하나후다 취급소가 큰 타격을 받았다. 폐업이 속출했고 남아 있는 가게는 골패세에 의한 제조면허를 받아 면허세를 수납한 자만이 영업할 수 있었다. 이 같은 가격급등으로 인한 판매의 타격은 하나후다가 도박꾼이 아닌 일반인들의 놀이였음을 반증한다고 봐야 할 것이다.

2) 이토 히로부미와 하나후다

하나후다가 비록 도박에 사용되기는 하였지만 나름 우아한 화조풍월의 취미를 드러내는 놀이도구이다. 일본의 전통문학과 미술에 깊은 관련성을 보이는 하나후다를 보고 누군가는 화조풍월을 대중화시킨 퍼포먼스라고 하기도 한다.

에바시 다카시(江橋崇)는 1888년에 가미카타야 서점이 출간한 『유희대학: 일명 카르타의 사용(遊戯大学: 一名·かるたの使用)』(前田多門 編, 上方屋勝敗堂)의 부록 「上方屋勝敗堂売品目録」의 한 구절에 주목한다. '미국에 수출하는 카르타는 서양카드와 같은 크기로 최고급 마키에(蒔絵)로 고급스럽게 만들어 일본의 미술품에 뒤떨어지지 않는 아름답고 우아한 상품(美麗佳品)으로 만든다'라는 말이 그것이다. 1원에 불과한 하나후다에 일본 공예품의 아름다운 특징을 나타내려고 수작업으로 최고급의 상품을 만들었다는 것은 판매자가 하나후다에 오락 도구 이상의 의미를 부여했다고 보는 것이다.

이토 히로부미판 특제 하나후다.

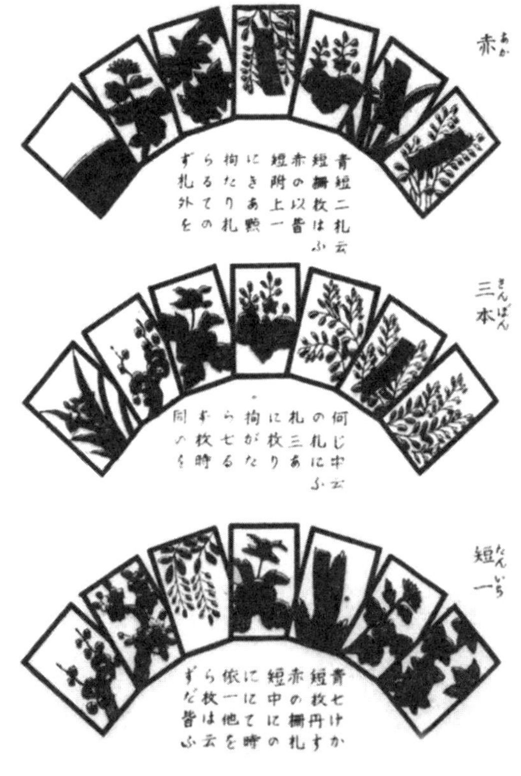

『트럼프 하나아와세 필승비결』, 동성당(東盛堂), 1919.

이를 반증하듯 초대 총리대신으로 최고의 권력자였던 이토 히로부미가 명해 만든 '총리대신의 카르타'에는 에도의 전통을 이어받아 48장의 화투 중 12장에 일본 전통시 와카가 삽입된 형태로 제작되었다. 이토가 청일전쟁 전후처리를 위해 1898년, 우리나라 고종을 알현하고 많은 친일파와 교류를 했을 때도 하나후다를 선물로 건네주었을 가능성을 무시할 수 없다. 여기서 주목하고자 하는 바는 이토도 하나후다를 일본을 대표하는 미(美)이자 상징물로 인식하였다는 것이다. 이는 하나후다의 패가 일본 고전시가의 전통과 밀접한 관련성을 지니고 있기 때문이다.

3) 하나후다의 전성시대

일본에서 카르타의 등장 이후 교육용 카르타를 제외한 모든 카르타는 금기처분이라는 검열의 칼날을 피해 갈 수 없었다. 하지만 메이지시대에 이르러 금지령이 풀리자 하나후다는 전보다 훨씬 일반인들이 친숙하게 즐길 수 있는 놀이가 되었다. 이 과정에서 하나후다의 그림은 더 순화된 형태로 변화되는데, 예를 들어 하나후다의 11월 버드나무 20점 패는 처음에는 가부키의 「가나데혼 주신구라(仮名手本忠臣蔵)」에 등장하는 도둑 오노 사다구로(斧定九郎)가 우레비 속에 우산을 들고 달려가는 모습이었으나, 메이지시대에 들어와서는 이 도안이 품위가 없다는 이유로 우산을 쓰고 있는 오노노도후(小野道風)와 개구리의 그림으로 바뀌었다.

당시, 메이지정부는 각 지방영주에게 속해 있던 일본인들을 야마토민족으로서의 집단적 아이덴티티를 통해 애국심과 일체감을 고양시키기 위해 노력하였다. 외국의 압력으로 어쩔 수 없이 하나후다 및 카르타를 용인할 수밖에 없었던 메이지 정부는 하나후다에서의 도박적 성격을 완화하려고 노력하였고 그 와중에 도둑이 오노노도후로 변한 것으로 추정할 수 있다.

1886년, 1월 8일자 『도쿄요코하마마이니치신문(東京横浜每日新聞)』에는 도쿄 긴자에 위치한 가미가타야 서점의 마에다 기헤라는 사람이 그동안 금지되었던 하나후다를 곧 도쿄에서 판매할 예정이라는 기사가 실렸다. 그리고 그의 하나후다 판매가 대성공을 거두면서 하나후다 취급소가 일본 전국에 성행하기 시작한다. 같은 서점인 마로마로샤에서는 서양카드, 하나후다 등의 놀이방법에 대한 서적들이 출간되는 등 하나후다는 일반가정의 유희물로 자리잡게 된다.

이처럼 메이지시대에 와서 하나후다는 최고의 전성시대를 맞이하게 되면서 세대교체가 이루어졌다. 그 전환점이 된 것은 하치하치형 하나후다의 탄생이다. 요코하마에서 탄생하여 요코하마형 하나후다라고 불리기도 하는 하치하치형 하나후다는 일본의 각지에서 지방의 특색에 맞게 제작된 지방 하나후다를 쇠퇴시킬 만큼 엄청난 위력을 발휘하였다. 당시, 일본에서는 지방마다 약간씩 서로 다른 그림의 하나후다를 사용하였고 놀이방법도 통일되지 않았는데 하치하치형 하나후다의 등장으로 도안 및 놀이방법의 통일이 이루어졌다. 놀이방법은 주로 돈과 시간적인 여유가 있는 유곽에서 만들어져 유포되었는데, 하치하치도 유곽에서 탄생하였다고 전해진다.

그것이 1880년을 전후로 요코하마를 중심으로 유행하다가 메이지 중기에 일본 전역으로 퍼진 일명 '요코하마하나후다'라고 불린 일본 전통시 우타가 없는 하나후다이다. 메이지 중기까지 유통되었던 우타가 적힌 하나후다인 '무사시노(武蔵野)'에서 볼 수 있는 것처럼 그림은 우타를 부연 설명하기 위한 것이었다. 그러나 우타를 지우고, 각각의 달을 숫자로 적어 놓은 하치하치형 하나후다의 등장으로 우타가 적힌 무사시노형 하나후다는 점차 사라져 버린다.

이처럼 하나의 전환점이 된 하치하치형 하나후다의 등장으로 문학성은 상실되고 '놀이'의 측면이 강화되면서 게임으로 변모하게 된다. 엄청난 인기를 누리던 하나후다가 1886년, 메이지 정부의 카르타 판매 공인으로 더 다양한 층의 놀이로 확대되고 문양도 단순화되었다.

당시의 하치하치형 하나후다는 지금처럼 화투의 소재와 달이 일반화되지 않았기 때문에 게임을 좀 더 쉽게 할 수 있도록 숫자를 집어넣은 것으로 보인다. 하치하치는 원래 팔십팔 바카바나(馬鹿花)로 하나후다의 총점이 264점인데, 3명이 하는 것을 전제하면 1인당 88(하치하치)점이 되어 이를 기준으로 부르게 된 것이다. 이는 하나후다가 단순히 이기고 지는 것이 아니고 몇 점으로 지고 이겼는지를 계산할 수 있게 되었다는 것이다. 그런데 이 카르타가 요코하마에서 탄생한 것은 우타가 없는 카르타가 주로 동경을 중심으로 한 관동지방에서 유행하였기 때문으로 보인다. 관서형 하나후다와 하치하치형 하나후다는 7월의 10짜리, 11월의 20짜리 등 패에 따라 그림에서 약간의 차이가 존재하지만 상당 부분 한국의 화투와 흡사하다.

4) 닌텐도의 하나후다

오늘날 세계적인 게임기 업체로 명성을 날리고 있는 일본의 닌텐도는 원래 교토에서 화나후다를 제조, 판매하던 '닌텐도골패'(현재의 닌텐도)사로부터 시작된 회사이다. 1886년 골패의 제작, 판매가 합법화된 것을 계기로 공예가로 이름이 높은 야마우치 후사지로(山内房治郎)는 1889년 닌텐도의 전신인 야마우치후사지로상점을 교토에 설립하여 하나후다를 비롯해 백인일수 등을 판매하였다. 하지만 일본의 전통공예가였던 야마우치는 전통적 기법을 고수하여 하나후다를 제작하였고 그 결과 하나후다는 너무 고가여서 전혀

초기 닌텐도가 제작한 대통령화투.

판매실적을 올리지 못하고 고전하고 있었다.

그는 하나후다의 품질을 유지하면서도 저가의 화투를 제작하기 위해 고심한 끝에 뒷장에 대통령 도장을 찍은 '대통령 인의 하나후다(大統領印の花札)'를 발매하게 되었다. 그런데 이 하나후다가 교토와 오사카 등에서 인기리에 판매되었고 언제부터인가 대통령 도장이 찍힌 야마우치 하나후다의 색채, 칠 때 내는 음색 등이 프로도박꾼들을 매료하면서 판매가 급증하게 된다.

그 후 야마우치는 하나후다만이 아니라 1902년에 일본 최초로 서양카드 제작에도 손을 대, 1953년에는 일본 최초로 플라스틱으로 만든 서양카드를 대량으로 제조, 판매하였다. 그는 판매시장을 확대하기 위하여 전국 유통망을 가진 국영기업인 일본 전매청을 이용하여 판매, 유통할 수 있도록 하나후다와 카드의 케이스를 담뱃갑과 같은 크기로 만들었다. 일본 전매청 유통망 이용을 계기로 하나후다 판매는 급물살을 타면서 대통령 도장이 찍힌 하나후다는 전국적인 도박장에서 사용된다.

2016년 5월 26일, 닌텐도의 뿌리가 하나후다에 있음을 알리기 위해 닌텐도 공식홈페이지 키즈스페이스에 '하나군과 후다선생의 하나후다 배틀 도장(ハナくん&ふだ先生の花札バトル道場)'이라는 코너를 만들었다. 그리고 일본에는 '하나후다'라는 카드게임이 있으며 1월에서 12월의 소재를 소개하고 달마다 4장의 패가 있다는 기초적인 해설과 놀이법을 게재하고 있다.

2부
하나후다와 일본 문학

하나후다와 일본 시문학

하나후다 48장의 패에는 매화, 벚꽃, 청포, 국화, 단풍 등의 초목들을 비롯하여 꾀꼬리, 멧돼지, 사슴과 같은 동물들이 12달에 4장씩 배치되어 있다. 일찍이 한국에서 동양화라고 불린 하나후다는 전통적인 동양의 봄, 여름, 가을, 겨울의 계절감을 그대로 나타낸 전통 달력이라 할 수 있다. 하나후다에 표현된 계절 감각은 한문학(漢文學)을 근간으로 일본적 정서가 더해 만들어진 '와카'라는 단가형 시문학에 기반한 것이다. 헤이안시대 남녀귀족의 고상한 유흥의 하나였던 와카는 렌가(連歌), 하이카이(俳諧) 등으로 다양해졌고 하나후다가 등장한 에도 중기에는 와카가 귀족들의 전유물에서 일반 서민들도 몸에 익혀야 하는 일상교양으로 인식되고 있었다. 즉, 하나후다는 문화적 유희가 서민층으로 확산되면서 놀이문화로 정착한 케이스라고 할 수 있다.

하나후다는 등장 이후 약간의 도상적 변화를 거쳐 오늘날에 이르렀지만 소재만큼은 큰 변화를 보이지 않는다. 하나후다의 소재는 다음과 같다.

봄		여름		가을		겨울	
1월	소나무, 학	4월	등나무, 두견새	7월	싸리나무, 멧돼지	10월	단풍, 사슴
2월	매화, 꾀꼬리	5월	창포, 팔각다리	8월	억새, 달, 기러기	11월	오노노도후, 비, 개구리
3월	벚꽃, 휘장	6월	모란, 나비	9월	국화, 접시	12월	오동, 봉황, 버드나무, 제비

표에서 보이는 계절 구분은 음력에 의거한 것(1873년, 양력으로 변경)으로 11월에 등장하는 개구리처럼 계절 감각에 맞지 않은 소재도 있었다. 하지만 대체로는 일본인에게는 친숙한 계절 감각에 부합하는 소재로 구성되어 있다. 이렇게 하나후다는 일본의 전통적인 계절의식을 담고 있는데, 이러한 계절에 대한 감각은 와카의 세계를 중심으로 구축되어 왔다.

그 시작은 일본 최초의 가집 『만엽집(万葉集)』(759)으로 책이 편찬된 시기는 당나라를 본받아 일본 최초의 율령 제도가 성립된 나라시대(奈良時代, 710-794)이다. 나라시대는 대륙에서 한자와 불교가 전래되는 등 대륙의 영향을 강하게 받으며 천황 중심의 중앙 집권 국가를 지향하던 시대였다. 『만엽집』은 나라시대에 대륙 문화의 상징인 한자를 사용하여 개인의 감정을 노래한 일본의 노래(우타, 歌)이다. 우타는 『만엽집』 시대의 가요(歌謠)로 대륙 문화의 상징인 한자와 히라가나를 사용하여 헤이안시대에 5, 7, 7, 5, 7, 7로 정형화되었다. 우타에 수록된 와카는 귀족의 노래와 함께 민중의 노래도 다수 포함하고 있다.

우타의 소재로는 중국을 대표하는 국화, 매화, 소나무 등이 사용되는데, 여기에 더하여 일본적인 계절의식이 정형화된 것은 905년, 다이고 천황(醍醐天皇)의 명령으로 편찬된 첫 번째 칙찬화가집(勅撰和歌集) 『고금화가집』에 의해서이다. 『고금화가집』의 편찬은 여기에 수록된 와카라는 시 형태를 공인한 것일 뿐만 아니라, 계절적 소재의 우타 한 수 한 수가 사물에 대한 사고방식의 기본이 된다는 것을 '국가'가 선언한 것이다. 이로써 국가 공인의 계절의식이 만들어지게 된다.

일본의 계절의식이 시가문학 속에서 어떻게 정형화되었

는가를 알아보기 위해서 일본 시가문학을 대표하는 3대 와카집(三大集)인 『만엽집』, 『고금화가집』, 『신고금화가집』에 사용된 소재의 분포를 알아보고 하나후다에 사용된 소재와 비교하였다.

이 표는 3대 가집에서 가장 많이 사용되는 소재를 골라 표로 만든 것으로 한국에서는 낯선 이름의 꽃들이 있다. 이는 기후적인 차이로 인식해야 할 것이다[임성철의 『일본 고전시가문학에 나타난 자연』(보고사, 2002)을 참조]. 1에서 30순위까지를 알아본 것인데, 30순위 이후의 소재는 2, 3차례 등장하는 정도의 빈도수에 불과하다. 표에서 보듯이 하나후다의 12달 소재 전부가 3대 가집의 주 소재들이었음을 알 수 있다. 가집 이외에도 하이쿠 등의 영향도 받았다.

그러면 와카의 발전과 정형화는 어떤 의미를 가지고 있을까? 와카는 일본의 천황제와 더불어 존재한다 해도 과언이 아니다. 천황을 중심으로 한 강력한 국가 체계를 위해서 정신적으로 백성들을 하나로 묶을 공통분모가 필요하였다. 그중에서 연중행사는 백성을 하나로 묶을 이데올로기로 그 무엇보다 적합한 수단이었다. 계절의식은 다른 말로 연중행사의 성립을 의미한다. 연중행사는 5세기에서 6세기에 걸쳐 율령 제도의 도입과 함께 중국에서 수입되었다. 이 과정에

3대 가집을 대표하는 꽃의 소재 1-30위까지.

순위	만엽집		고금화가집		신고금화가집	
	소재	우타 수	소재	우타 수	소재	우타 수
1	싸리나무	141	벚꽃	44	소나무	93
2	닥나무류	138	단풍	44	단풍	36
3	매화	119	매화	25	물억새	29
4	소나무	81	마타리	20	갈대	26
5	범부채	80	소나무	20	매화	25
6	귤나무	68	벼	19	띠	23
7	벼	57	섶나무	19	이끼	21
8	갈대	53	싸리	16	벼	19
9	사초	63	국화	13	섶나무	18
10	가래나무	49	억새풀	11	삼나무	17
11	벚꽃	42	대나무	10	대나무+가는 대나무	17
12	버드나무	36	등나무	8	싸리	16
13	억새풀	35	갈대	8	마키나무	14
14	잇꽃	30	수초	7	귤나무	14
15	띠	27	황매화	6	국화	11
16	등나무	27	조릿대	6	억새풀	11
17	패랭이 꽃	26	가래나무	6	등나무	11
18	줄	25	귤나무	6	칡	11
19	병꽃나무의 꽃	24	청각채	6	창포	11
20	칡	22	원추리나무	6	조릿대	10
21	마키나무	21	개구리밥	4	수초	8
22	대나무	21	버드나무	4	잔디	7
23	황매화	18	침나무	4	청각채	7
24	지치	17	등골나물	4	넉줄고사리	7
25	삼베	17	닥나무류	3	황매화	7
26	오리나무	14	삼베	3	삐쭈기나무	7
27	마타리	14	띠	3	마타리	6
28	꼭두서니	13	줄	3	줄	5
29	소염맥문동	13	지치	3	병꽃나무 줄기	5
30	창포	12	이끼	3	접시꽃	5
순위 외	기타	3213	기타	777	기타	1482
총 우타 수	4516		1111		1979	

서 야마토(大和) 세력을 중심으로 열도 각지의 연합체 수장에 불과하던 천황은 나라시대, 헤이안시대를 거치면서 직접 정치를 하며 막강한 권력을 소유한 존재로 탈바꿈한다.

천황제가 안정기에 돌입한 헤이안 중기, 다이고 천황은 내셔널리즘의 고양을 위해 공식적으로 『고금화가집』을 편찬한다. 당시 귀족은 『고금화가집』에 의거한 우타의 실력이 평가의 잣대가 되었고 훗날 다이고 천황이 '성천(聖天)'으로 받들어지는 이유가 되기도 하였다. 즉, 와카의 전통이란 『고금화가집』에 의거한 문학적 전통을 의미하게 되었다.

이후의 천황들은 이 형태를 계승하여 15세기 초까지 21개의 '칙찬화가집'을 편찬한다. 이를 통해 『고금화가집』은 고금전수(古今傳授)라는 하나의 체계로 통일되었고 정형화된 커리큘럼을 통하여 우타의 전통을 이어갔다. 그 결과, 『고금화가집』에 의해 체계화되고 정형화된 일본 전통시문학은 일본문학 및 미술의 중요한 소재인 동시에 일본인의 미의식, 나아가 천황제를 지탱해 주는 정신적 기반을 형성하는 중요한 요소로 작용해 왔다. 다시 말하면 『고금화가집』으로 시작된 칙찬화가집 전통은 천황의 명령으로 편찬되고 공인된 것으로 와카의 근간을 이루고 있다.

천황과 깊은 관련 속에서 발전하게 한 와카는 국가 공인 우타가 약간씩 형태를 바꾸어 서민의 생활 속 깊이 파고들어 연중행사로 정착하면서 대중화되고 일상화된다. 무사들이 집권한 무로마치시대에는 무사가 귀족의 전통을 이어받고, 에도시대에는 서민들이 합세하여 귀족에 의해 만들어진 전통을 놀이를 통해 재생산하였다.

에도시대의 모토오리 노리나가(本居宣長) 이후 『고금화가집』은 우타의 패턴과 미의식을 절대시하며 『고금화가집』을 신봉하는 일파로 가가와 가게키(香川景樹)의 뒤를 이어 게이엔파(桂園派)가 형성되었다. 이것이 명치시대에는 천황을 중심으로 한 어가소파(御歌所派)에 의해 계승되어 나갔다. 그런데 21개의 칙찬화가집 중에서도 특히 주목해야 할 가집은 13세기 초 고토바 천황(後鳥羽天皇)에 의해 편찬된 제8대 칙찬화가집 『신고금화가집(新古今和歌集)』(1205)이다. 『신고금화가집』은 제목처럼 『고금화가집』의 계절의식, 우타의 패턴, 소재 등의 전통을 이어받으면서 자연풍광에 인간의 '정(情)'이라는 감정을 새롭게 삽입한 우타를 탄생시켰고 이러한 정서를 바탕으로 만들어진 것이 백인일수(百人一首)이며 하나후다이다.

『신고금화가집』과 같은 시기에 렌가(連歌)가 등장한다. 렌가는 5・7・5의 상구와 7・7의 하구를 두 사람이 서로 맞추어 가는 것으로 와카가 렌가의 형태를 띠면서 귀족의 전유물이었던 와카는 서민층까지 즐기는 일상의 문화로 전환되었다. 이러한 변화는 15세기 후반, 칙령으로 편찬된 『신찬토구파집(新撰菟玖波集)』(1429-1441)을 통해 확인할 수 있다. 이 가집에는 계절을 대표하는 소재의 폭이 확대되고, 와카의 소재로 사용되지 않았던 일상이 포함되면서 '하이카이(俳諧)' 등장을 예고하였다.

하이카이는 원래 풍자를 의미하는 중국어로 삶과 자연을 노래하는 와카와 달리 말장난이나 해학과 풍자를 담은 우타이다. 무가문화가 발달한 무로마치시대에 무사들이 모여서 우타를 재미있게 이어지 짓는 하이카이렌가(俳諧連歌)의 줄임말이다. 즉, 여러 사람이 앞사람의 우타를 이어받아 5・7・5구를 연결하는 방식인데, 이 중에서도 맨 처음 읊어진 '혹쿠(発句)'를 독립시킨 형태로 '하이쿠(俳句)'가 등장한다. 마쓰오 바쇼(松尾芭蕉)의 손을 거쳐 소재와 내용의 폭이 확장된 하이쿠는 처음에는 귀족(公家), 유복한 상인들에게 유행하였으나 점차 상인들 사이로 퍼지면서 일상의 놀이가 되었다.

와카가 대중화되던 1700년대 후반은 가모노 마부치(賀茂眞淵), 모토오리 노리나가(本居宣長) 등 에도시대를 대표하는 국학자들에 의한 와카 전수의 재정립, 『만엽집』, 『고사기』

등의 고전연구를 통한 고대 일본인의 정신 연구 등 이른바 국학이 성립된 시기이다. 와카에서 렌가로 그리고 하이카이, 하이쿠, 센류(川柳)로 일본의 시문학이 전개되는 가운데 귀족들에 의해 만들어진 전통은 서민들 일상생활 속으로 파고들었다.

그 과정에서 국가 공인의 감각에 서민적인 감각이 더해져 공식적인 패턴으로는 해석할 수 없는 부분들이 생겨났다고 할 수 있다. 귀족적인 사고에 대한 반발이 아니라 새로운 생활 감각의 발견이라고 이해하는 것이 좋을 듯하다. 그것은 일본을 안정되게 유지해 온 것과 그것에 수반된 상식에 대한 해학을 포함한 반항 정신의 표현이다. 이처럼 와카가 대중화되고 새로운 사회 분위기가 조성되던 1700년대 후반 하나후다가 등장한다.

하나후다의 12달

일본의 전통적인 계절 감각은 계절마다 산천초목이 변화하는 모습 속에서 생성되었다. 우리의 십장생이 중국의 신선사상에 유래한 것이라면 일본의 화조풍월은 계절에 따라 피고 지는 꽃과 나무와 풀, 계절의 전령사 역할을 하는 새, 그리고 달의 변화무쌍한 모습을 그림 또는 문학으로 나타낸 것이다. 고대 일본인들은 팔백만(八百万)이 넘는다는 고대 일본의 신들이 산과 숲에 은신하거나 강림(鎮座)한다고 믿어 신사를 둘러싼 숲을 진수의 숲(鎮守の森)으로 숭배하였다. 이러한 일본인의 신앙은 자연에 대한 찬미와 경외심, 계절감과 연중행사로 이어졌다. 지금도 일본에서는 정월 초하루에 집 앞에 세워 놓고 건강과 장수를 기원하는 가도마쓰(門松)를 비롯하여 히나마쓰리(雛祭り, 3월 3일 여자아이의 행복을 기원하는 축제), 벚꽃구경(お花見), 어린이의 날, 칠석, 추석(お盆) 등의 연중행사가 행해지는데, 하나후다에서도 이러한 연중행사의 흔적을 찾아 볼 수 있다.

하나후다에 사용된 소재는 『고금화가집』에 근거하고 있지만 각각의 소재가 갖는 의미는 대체로 중국에 기원을 두고 있다. 물론, 그중에서는 중국에 기원을 두면서도 일본의 독자적인 의미로 재해석되었거나 새롭게 추가된 것들도 있다. 하나후다 문양의 의미는 대부분 와카의 전통 속에서 파악할 수 있으며 렌가, 하이카이로 이어지는 가운데 소재가 확산되었다는 것도 알 수 있다. 그러나 3월의 꽃에 휘장, 6월의 나비와 창포, 11월의 버드나무, 개구리에 오노노도후, 비에 제비, 12월에 오동나무와 봉황 등은 소재의 의미나 배치에 있어 와카로는 도저히 풀리지 않는 의문이 남아 있는 패로 그 의미의 해석은 유보하기로 한다.

요시와라에 세워진 가도마쓰의 모습, 『요시와라 청루 연중행사』, 짓펜샤잇쿠(十返舎一九) 글, 기타가와 우타마로(喜多川歌麿) 그림, 1804.

1월, 소나무와 학

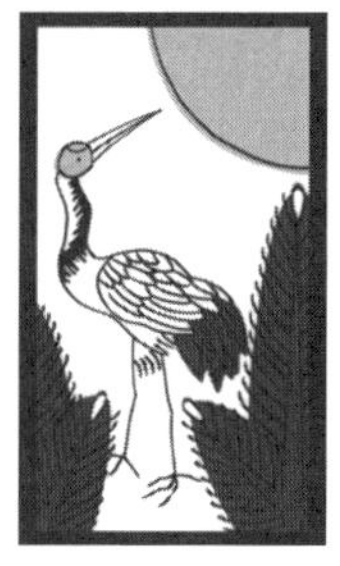

1월에 사용된 소재, 소나무와 학은 불노장생, 번영 등 길조의 상징이다. 소나무는 대나무, 매화와 더불어 추위를 잘 견딘다고 하여 세한삼우(歲寒三友)로 불리며 오래전부터 고결함과 장수의 상징으로 인식됐다. 상록수인 소나무는 가도마쓰(門松)라 하여 일본에서는 설날부터 1주일 동안 새해를 축하하며 집 앞에 꽂아 두고 조상신과 복을 맞아들이기 위한 장식물로 사용된다. 신은 나뭇가지를 타고 내려온다는 믿음에서 나온 것으로 신이 내려앉을 장소로 영원함을 상징하는 소나무를 세워 놓은 것이다. 이처럼 새해에 소나무를 집에 들이는 행사는 헤이안시대 중국에서 전해진 것으로 헤이안시대 귀족들은 장수와 풍작을 기원하는 의미로 어린 소나무를 뽑아 집에 심는 고마쓰히키(小松引き)라는 풍습이 있었는데 가도마쓰는 이 풍습이 변환한 것이다.

학 또한 '학은 천년, 소나무는 만년'이라고 할 정도로 장

수의 상징이다. 일본말로 학은 쓰루(ツル)이다. 거기에 축하를 의미하는 이와이(いわい)라는 말이 합쳐진 '이와이쓰루'는 축하할 일이라는 의미로 사용되었고 나중에는 학만으로도 축하할 일이라는 의미로 해석되었다. 그로 인해 축하의 의미가 있는 소나무와 학을 한 해가 시작되는 1월에 배치하게 된 것이다.

2월, 꾀꼬리와 매화

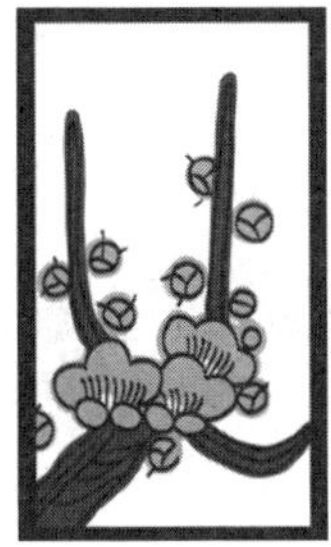

가장 이른 봄에 꽃이 피는 매화는 봄의 전령사로 1월 소재인 소나무와 마찬가지로 불로장생을 의미한다. 매화의 꽃잎 다섯 개는 오복(五福)을 상징하여 복식, 장신구 등의 문양으로 사용되었다. 매화와 같이 묘사된 꾀꼬리 역시 봄이 왔음을 알리는 전령사로 2월을 나타내는 전형적인 소재이다.

니가타현에서 사용된 하나후다인 에치고하나의 2월패 중 두 개의 피에는 꾀꼬리와 매화를 조합한 『고금화가집』의 우

타가 적혀 있다. '꾀꼬리 소리에 이끌려 바라본 매화나무 가지의 눈, 새하얀 매화 꽃을 감추려 내렸나(うぐいすの 鳴音はしるき 梅の花 色まがへとや 雪の降るらん)'라는 내용으로 매화와 꾀꼬리가 등장한다. 이후 매화와 꾀꼬리의 조합은 아름다움과 겨울이 가는 아쉬움을 표현하는 소재로 사용된다.

3월, 벚꽃과 만막

벚꽃은 『일본서기(日本書紀)』에 등장하는 여신, 고노하나노사쿠야히메(コノハナノサクヤビメ)와 동일시되며 풍작을 가져오는 산신으로 숭배되었다. 일본에서 벚꽃이 3월의 주 소재로 정착한 것은 『고금화가집』이다. 원래, 봄을 상징하는 소재는 단연 매화로 중국의 영향이 강하게 남아 있는 『만엽집』에서는 봄의 상징으로 벚꽃이 사용되고 있기는 하지만 대체로 매화였다. 8세기 중반부터는 서서히 봄의 상징으로서의 자리를 벚꽃에게 내어 주기 시작하다가 일본의 독자

적인 문화를 구축하고자 했던 헤이안시대의 국풍문화를 거쳐 탄생한 『고금화가집』을 기점으로 일본에서의 봄의 상징은 매화를 누르고 벚꽃이 되었다.

하나후다 3월의 20자리 패에서 벚꽃 아래에 '만마쿠(まんまく, 幔幕)'라는 휘장이 쳐 있고 그 위에 만개한 벚꽃이 묘사되어 있다. 10자리 패에는 붉은 글씨로 '미요시노(みよしの)'가 쓰여 있다. 이처럼 벚꽃에 만막(휘장)을 배치하는 것은 벚꽃 구경의 향연이 열리고 있다는 것을 암시한다. 만막(幔幕)은 지금도 경조사 때에 천막으로 사용하는 일본식 휘장으로 막을 치고 벚꽃 향연을 벌이며 노는 형태이다. 이러한 놀이를 처음 만든 것은 도요토미 히데요시로 1598년 3월 15일, 교토시 후시미(京都市伏見)의 다이고(醍醐)에서 열린 화려한 벚꽃놀이에서 시작되었다.

여기에 인용된 우타는 『신고금화가집』에 수록된 것으로 고토바(後鳥羽) 천황이 요시노산(吉野山)의 벚꽃을 보고 읊은 '요시노의 벚꽃이 지는구나. 낙화로 거세게 부는 산풍마저도 하얗게 보이는 봄의 새벽(み吉野の桜散りにけり あらしもしろき春のあけぼの)'에서 유래했다.

4월, 등나무와 두견새

4월의 늦은 봄에서 초여름까지 피는 등나무(藤)와 두견새(時鳥)는 『고금화가집』에서 처음으로 조합해서 사용하기 시작하였다. 한국에서 흑싸리라고 부르고 있는 4월의 패는 잘못 알고 있는 것으로 보라색 꽃을 피우는 등나무는 보라색을 천상의 색으로 칭송하는 일본인들에게 매우 고귀한 꽃으로 인식되고 있다. 일본 여성들의 이름에도 많이 사용되는 등나무는 여름의 상징물로 사용되는 대표적인 시어이다.

『고금화가집』에는 등나무와 두견새를 소재로 한 노래가 여름부의 맨 처음에 나온다. 이 우타는 4월 초에 읊은 것으로 '우리 집 연못 끝에 있는 등나무에 꽃이 아름답게 피어 있구나. 산두견새는 언제 와 우는 것일까. 벌써 올 때가 된 것 같은데(わがやどの池の藤波さきにけり　山不如帰いつかきなかむ)'라고 노래한다. 즉, '여름이 되어 등나무에 꽃이 피었으니 곧 이어 두견새가 오겠구나'라는 의미로 『고금화가집』에는 등

나무 꽃과 두견새가 여름의 소재로 되어 있다.

그런데 『신고금화가집』에는 '봄이 지는 것을 알고 있으면서 길게 늘어진 등나무 가지의 꽃을 보고 있노라면 봄이 끝나려면 아직도 멀었다는 생각이 든다(暮れぬとは思ふものから藤の花　咲けるやどには春ぞひさしき)'라는 우타가 있다. 길게 늘어진 등나무 가지가 봄의 잔상으로 연결되어 3월의 소재가 되었고 두견새는 아직 산에 있는 것으로 표현함으로써 『고금화가집』과 차이를 보이고 있다. 이후 등나무와 두견새의 결합은 『고금화가집』에서 4월의 소재로 정착하게 되었다.

5월, 창포와 팔각다리

창포(菖蒲)와 팔각다리(八橋)의 조합은 『이세이야기』에서 유래한다. 원래 이야기에 나오는 것은 제비붓꽃이지만 일반적으로 하나후다에서는 창포로 부르고, 팔각다리는 폭이 좁은 나무를 이어서 만든 다리를 말한다. 『이세이야기』 제9

단「아즈마구다리(東下り, 교토에서 동쪽 지방으로 가는 것)」에 따르면 자신은 불필요한 인간이라고 생각한 한 남자가 교토(도시)를 떠나 동쪽 지방으로 여행하는 도중에 미카와노쿠니(三河の国, 오늘날 아이치현의 동부)를 지나게 되었다. 그곳은 물이 8개의 방향으로 흐르는 아이즈마강(逢妻川) 위에 여덟 개의 다리가 놓여 있어서 야츠하시(八橋)라 불리는 곳이었다. 남자가 못 근처 나무 그늘에 앉아 주먹밥을 먹고 있는데 일행 중 한 사람이 못에 핀 창포(붓꽃)의 이름 '가키쓰바타(かきつばた, 제비붓꽃)' 다섯 글자로 여행자의 마음을 읊어 달라고 부탁한다. 니키타현에서 사용된 하나후다(에치고바나) 2개의 피에는 그 우타가 적혀 있다.

(익숙한) 당의처럼(から衣)
떨어지기 어려운(きつつなれにし)
아내를 두고(つましあれば)
멀리 와버린(はるばる来ぬる)
여행의 (외로움을) 생각한다(たびをしぞ思ふ)

'여러 번 입어 익숙한 당의(唐衣)처럼 오랜 세월 함께한 처를 도시에 두고 멀리 떠나온 여행길이 서글프게 느껴진다'

는 의미로 창포처럼 아름다운 아내를 절절이 그리워하는 우타이다. 창포가 5월의 상징물이라는 것은 『고금화가집』에 '두견새 우는 5월에 피는 붓꽃 때문은 아니지만 벌써 붓꽃도 모르게 사랑을 하고 있다(不如帰鳴くや五月のあやめ草　あやめもしらぬ恋もするかな)'라는 우타에서도 알 수 있는데 이는 중국으로부터 유래한 단오 행사에 사용된 창포의 영향을 받은 것이다.

6월, 모란과 나비

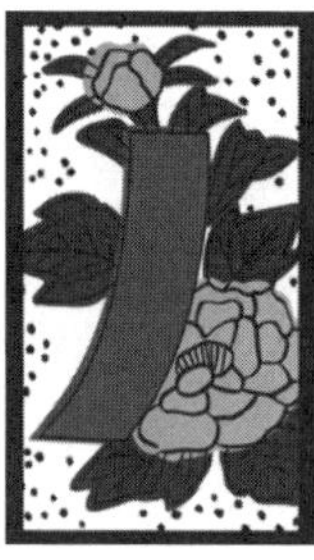

화려하고 아름다운 꽃을 피워 목단(牧丹) 또는 부귀화(富貴花)라고도 불린 모란은 부귀영화를 상징하여 예로부터 궁중 예복에 사용하였다. 나비도 중국어 발음(die)이 80세를 의미하는 한자(耋)와 동일하여 중국에서는 장수를 상징하는 소재로 사용되었다. 1682년 아사이 료이(浅井了意)에 의해 10권으로 출간된 『신고엔(新語園)』 1권에는 모란 감상의 유래를 당나라까지 거슬러 올라가 설명하면서 '모란의 요염함은 사람의 마음을 흔들고 나라를 무너뜨린다'고 전한다. 그리고 9권에서는 모란과 나비에 관한 다양한 이야기를 소개하고 있는데, 단연 유명한 것은 장자의 꿈이야기다. '장자가 꿈에서 나비가 되어 훨훨 날아다니는 꿈을 꾸었는데 어찌나 생생했던지 꿈을 깨서도 장자가 꿈을 꿔서 나비가 된 건지, 아니면 나비가 장자가 된 꿈을 꾸고 있는 건지 모르겠다'는 고사에서 '호접지몽(胡蝶之夢)'이라는 사자성어가 유래되기도 하였다. 그리고 '당나라가 세워지자 황실 정원에 모란이 피었는데 나비가 난무하였다. 나비를 잡고 보니 금과 옥으로 변했다'는 이야기가 전해진다.

그로 인해 나비와 모란의 조합은 초월적인 힘의 과시에 사용된 것 같은데 일본의 경우도 거의 유사하게 인식하였다. 10세기경 귀족사회에서는 '호접(胡蝶)' 춤을 추며 환상세계에 빠졌고, 13세기가 되면 가마쿠라 막부의 장군 미나모토노 요리토모(源頼朝)의 의상에 모란이 그려져 있다. 교토국립박물관 소장의 가마쿠라시대 일본식 거울 「스하마모란접조경(州浜牡丹蝶鳥鏡)」에 새겨진 모란과 나비 문양은 신적인 의미를 지닌다. 17세기 이후 에도시대가 되면 미술 공예품을 비롯하여 기모노, 각종 장식물의 문양 등 다양한 분야에서 사용되었다.

에치고바나의 6월 패에 와카가 없는 것에서 알 수 있듯이 와카에서는 잘 사용하지 않는 소재이다. 지방에서 제작된 하나후다에는 모란만 단독으로 그린 것도 있지만, 미술에서는 장수를 상징하는 소나무, 난초, 대나무, 혹은 새 한 쌍, 나비, 고양이 등과 함께 묘사되기도 한다. 물론, 모란은 향기가 없다 하여 나비와 연결하는 것은 어려운 일이지만, 모란과 나비의 조합이 와카에서 전혀 근거 없는 것은 아니다.

와카에서 모란이 5월의 소재로 사용된 것은 17세기 후반의 『유제화가집(類題和歌集)』에서다. 그리고 『가림잡목초(歌林雜木抄)』(1692)를 보면 5월에는 볏모(早苗, 못자리에 옮기기 전의 모)에 이어 모란이 배치되어 있는 것으로 보아 모란을 5월 초 소재로 이해되었다는 것을 알 수 있다.

모란은 '후미쿠사(深み草)'라는 이름으로 우타의 소재가 되었는데, 『신고금화가집』에는 '죽은 사람이 심어 놓은 모란은 지금은 그의 유품이 되었다. 어찌하여 향기가 이렇게 슬픔을 더하게 하는가(かたみとて見れば嘆きのふかみ草　なになかなかの匂いなるらん)'라는 우타가 있다. 고인이 심어 놓은 화려하게 핀 모란의 향기가 고인에 대한 그리움을 더해 준다는 내용이다. 또한, 모란은 피기 시작해서 질 때까지 20일이 걸려

'20일 풀(はつかくさ)'이라고도 한다. 이것은 중국 백락천(白樂天, 백거이라고도 불린다)의 시에서 유래한 것으로 '花开花落二十日,一城之人皆若狂(꽃이 피고 지기까지 20일 마을사람 모두 미칠듯 말듯)'이라고 노래하였다. 후지와라노 아키스케(藤原顕輔, 헤이안 시대의 귀족이며 시인)가 편집한 여섯 번째 칙찬화가집 『사화화가집(詞花和歌集)』(1151년) 제1권 봄에는 '피고 나서 질 때까지 20일밖에 되지 않아 감상하고 있는 사이에 20일이 지나가 버렸다(咲きしより散はつるまでみし程に　花のもとにて二十日へにけり)'라는 우타가 들어 있다. 3월에 읊은 우타로 12세기에는 모란의 계절이 아직 정해지지 않았다는 것을 알 수 있다.

7월, 멧돼지와 싸리

7월의 하나후다 도안은 싸리나무를 헤치고 나가는 멧돼지이다. 일본 시문학에서 멧돼지는 그다지 주목받는 소재는 아니다. 전통적으로 와카에서 우아하게 핀 싸리나무를

헤치고 나가는 것은 멧돼지가 아니라 사슴이었다. 『고금화가집』에는 '가을 들판에서 싸리를 쓰러뜨리며 울고 있는 사슴의 모습은 보이지 않지만 소리는 또렷이 들린다(秋萩をしがらみふせて鳴く鹿の　目には見えずて音のさやけき)'라는 우타가 있다. 수사슴이 암사슴을 찾아 싸리 가지를 밟고 다니는 모습을 노래한 우타이다. 이처럼 싸리나무와 사슴의 조합은 와카에서 어렵지 않게 찾아볼 수 있지만, 멧돼지와의 조합은 거의 찾아보기 어렵다. 하지만 와카를 변형시킨 '하이카이'에서는 사슴 대신 멧돼지가 소재로 사용되었다. 싸리나무 가지가 꺾일 정도로 힘센 동물은 사슴보다 멧돼지가 더 적합하다고 생각한 것이다.

에도시대의 하이카이 시인 마쓰오 바쇼(松尾芭蕉)는 1689년 눈의 나라, 동북지방으로 여행을 떠난다. 여행 중에 참석한 하이카이 모임에서 바쇼는 '눈이 내리지 않아도 소나무는 스스로 커진다(雪ふらぬ松はおのれとふとりけり)'라는 구를 받아서 '소나무에서 싸리로 계절을 바꾸어 싸리를 밟고 가는 멧돼지의 아내(萩踏みしける猪のつま)'라고 읊고 있는데 예로부터 싸리나무는 멧돼지가 잠자리를 위해 까는 나무, '멧돼지의 잠자리 마루(臥猪の床, 후스마노도코)'로 알려져 있다.

이러한 와카의 시 세계는 유머와 해학이 더해진 '교카(狂

歌, 사회풍자나 야유 등을 넣은 우타)'로 계승되었다. 18세기의 교카를 모은 『배풍류준(俳風柳樽)』에는 '멧돼지의 뒤척임으로 싸리나무 꽃이 떨어진다(猪のねがえりにちる萩の露)'라는 우타가 있다. 멧돼지의 잠자리 바닥이 싸리나무로 되어 있고 그 바닥에서 멧돼지가 자다가 몸을 뒤집기 때문에 싸리나무 꽃이 떨어진다는 것이다. 이처럼 싸리나무, 싸리와 멧돼지의 조합은 귀족문화의 전통에서 벗어난 하이카이적인 세계의 표현이다.

8월, 억새풀과 달, 기러기

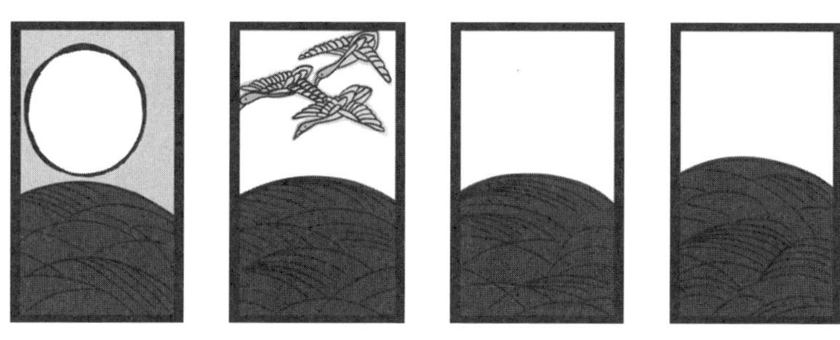

8월의 소재는 억새풀과 달, 기러기다. 한국 화투에서는 생략되었지만 일본의 하나후다는 공산(空山) 가득히 억새풀이 묘사되어 있어 가을 정취를 더한다. 억새풀은 가을을 나타내는 일곱 가지의 식물 중의 하나로 8월 보름은 추석으로 일본에서는 달구경하는 명절이라는 의미로 '오쓰키미(お月

見)'라고 한다. 하늘에는 기러기가 날고 억새풀에도 짐승의 꼬리처럼 생긴 이삭(おばな, 尾花)이 피어나 쓸쓸한 가을의 정취를 물씬 풍기고 있다.

8월에 억새풀과 달을 조합시키는 것은 『고금화가집』에서 비롯된 것으로 보름달빛에 기러기가 나는 모습을 노래한 우타 '흰 구름이 떠 있는 하늘을 기러기가 날개 치며 날아가는구나. 아름다운 달빛에 그 모습을 또렷하게 보이면서(白雲にはねうちかはし飛ぶかりの　かずさへ見ゆる秋の夜の月)'가 있다. 또한 억새풀 이삭이 나오는 모습은 아름다우면서도 슬픈 정경이다. '이제부터 억새꽃을 심지도 보지도 말아야겠구나. 이삭이 나오는 가을은 쓸쓸하고 외로우니까(今よりはうえてだにみじ花薄　穂にいづる秋はわびしかりけり)'라고 읊었다. 이것은 유명한 우타로 「달빛 아래 억새풀」이라는 제목으로 『유제화가집』과 『가림잡목집초(歌林雑木抄)』에 들어 있다.

『신고금화가집』에서는 '억새꽃이 아직 이삭을 드러내지는 않지만 이제는 그만 바라보려 한다. 한창때의 가을을(花薄まだ露ふかし穂に出でば ながめじと思ふ秋の盛りを)'(가을부)라며 『고금화가집』 우타의 전통을 이어받아 노래한다. 에치고바나에는 '내가 걷고 있는 길의 끝에는 하늘과 땅이 하나처럼 보이는 무사시노의 초원 위로 뜨는 달빛이여(行末は空も一つに武

蔵野の 草の原より出ずる月影'라는 우타가 들어 있는데 하나후다에도 억새풀은 중요하게 묘사되었다.

9월, 국화와 술잔

국화와 술잔이 조합된 것은 국화의 향연, 즉 중양절(重陽節)의 풍속과 관련이 있다. 중국에서 유래된 중양은 1월 1일, 3월 3일, 5월 5일, 7월 7일처럼 양수가 겹치는 날을 말한다. 양수 중 가장 큰 기수인 9가 겹치는 9월 9일을 특별히 중양, 혹은 중구(重九)라고 하여 명절로 지냈다. 중국의 『신선전』에는 강풍자(康風子), 주유자(朱孺子) 두 사람이 국화꽃을 먹고 신선이 되었다는 기록이 있다. 남양국수(南陽菊水)라는 중국의 고사에서 유래한 것으로 중국의 시인 소동파는 「화도화원시(和桃花源詩)」에서 '남양(南陽)에 국수(菊水)가 있는데 물이 달고 향기로우며, 그곳에는 30가호가 있어 그 물을 마시고 장수하여 주민 중에는 백이삼십 세를 넘긴 사람도 있다'라고 쓰고 있다. 이처럼 중국에서는 국화의 물을 마시면 장수하고 병을 치료한다고 전해진다. 국화의 물이 장수를 의미하기 때문에 술잔에 수(壽)자를 쓴 것도 이 때문이다.

이러한 중양의 개념이 일본에 들어온 것은 7세기경으로 헤이안시대부터는 궁중 행사로 귀족들 사이에서 유행했다. 귀족들은 9월 9일에 국화꽃을 감상하고 국화주를 마시고 시를 짓는 등 연회를 개최한다. 그리고 하루 전날은 무병장수를 기원하기 위해 국화꽃을 덮은 비단옷으로 몸을 감쌌다. 중양절은 늦가을의 추위가 몰려오기 전에 무병장수를 기원하며 방한의 의미를 담아 명절로 지냈다.

한시의 소재로만 사용되던 국화가 우타의 세계에 들어온 것은 『고금화가집』부터로 기노 도모노리(紀友則)의 '이슬에 젖은 국화가지이지만 나이를 먹지 않는다는 국화이므로 꺾어 장식해 놓자(露ながら折りてかざさむ菊の花　老いせぬ秋に久しかるべく)'라는 우타가 있다. 국화의 이슬이 장수하게 한다는 중국의 고사에 의거한 우타이다. 국화를 소재로 이 같은 우타가 만들어진 것은 중국의 신선사상이 일본식으로 재해석된 결과라 할 수 있다.

10월, 단풍과 사슴

10월은 한곳을 응시하는 사슴의 머리 위에 단풍나무가 묘사되어 있다. 단풍과 사슴의 조합은 와카에서 가을의 대표적인 주제 중 하나이다. 이 조합은 『고금화가집』에 '산속 깊은 곳에 단풍을 헤치고 나가며 울고 있는 사슴의 소리를 듣자 가을이 깊어졌다는 생각에 슬픔이 더욱 몸에 저며 오는구나(奥山にもみじ踏み分け鳴く鹿の　声聞くときぞ秋は悲しき)'(가을부)라는 우타가 있다. 단풍이 흩어져 있는 것은 가을의 정취를 표현하기 위한 것으로 13세기의 『백인일수』에도 포함되어 일반인들에게 널리 알려지게 되었다.

에치고바나 10월 패의 두 피에는 『신고금화가집』의 '단풍잎이 떨어지는 저녁 산에 비는 내리고 비에 젖은 사슴이 홀로 울고 있구나(下紅葉かつ散る山の夕時雨　ぬれてやひとり鹿の鳴くらん)'가 적혀 있다. 그리고 '벌써 내일부터는 비가 내리는 10월이다. 가는 가을의 유품이라 하여도 좋은 이 단풍이 지는 소리인지 빗소리인지 알 수가 없구나(行く秋の形見なるべき紅葉葉も　明日は時雨と降りやまがはむ)'라는 우타도 있다. 단풍은 9월의 소재임에도 불구하고 하나후다에서 10월에 배치한 것은 겨울이 오기 전에 떨어져서 일말의 서글픔을 남기는 가을의 흔적으로 단풍을 중시했기 때문이라고 생각된다.

11월, 비와 오노노도후 그리고 제비

한국 화투에서 12월 패가 일본에서는 11월 패다. 도입 초기의 화투가 남아 있지 않고 구한말의 화투에 관한 기록도 월령가 형태로 남아 있어 당시의 11월과 12월 패가 어떠했는지를 가늠하기 어렵다. 일본에서도 11월의 패는 하나후다 연구에서 가장 까다로운 문제이다. 이 도안이 언제부터 사용되었는지 분명하지 않다. 소재의 관점에서 보아도 비, 버드나무, 개구리, 오노노도후 그 어느 것도 11월의 소재들은 아니다. 또한, 다른 패들이 식물을 기본으로 하는 것에 비해 11월의 패는 인물을 중심으로 하고 있다는 점도 특이하다. 물론 버드나무가 있기는 하지만 단 한 장에만 들어 있고, 4장 모두에 들어 있는 것은 비이다. 이같이 1월에서 10월의 패들과 전혀 다른 구성을 보여 주는 11월의 패는 다른 각도에서 고찰해야 할 필요가 있다.

지금의 11월 20짜리 패에는 10세기의 유명한 서예가 오노노도후(小野道風)가 묘사되어 있지만, 명치시대 이전에는 오노노도후가 아닌 우산을 쓰고 빗속을 뛰어가는 남자의 모습이었다. 이 남자는 1703년, 억울하게 죽은 아코우번의 번주, 아사노 다쿠미노카미 나가노리(浅野内匠頭長矩)의 복수를 위해 부하 47명이 그에게 누명을 씌운 기라코즈 게노스케(吉良上野介)를 죽이는 이야기를 극화한 대표적 가부키 〈가나데혼 주신구라〉에 등장하는 강도, 오노 사다쿠로라고 전해지고 있다.

그런데 오노 사다쿠로가 오노노도후로 변화한 것은 어떤 이유에서일까? 헤이안시대 일본의 3대 서예가 중 한 사람인 오노노도후는 개구리가 버드나무에 뛰어오르는 모습을 보고 서도에 정진하였다는 이야기가 1855년에 출판된 미우라 바이엔(三浦梅園)의 『매원총서(梅園叢書)』에 기록되어 있다. 『매원총서』에는 「학문에 뜻을 두고 예술을 지향하는 사람

을 위한 교훈(學に志し藝に志す者の訓)」이라는 제목으로 "오노노도후가 젊었을 때, 아직 기량이 늘지 않았다. 어느 날 연못 근처에서 개구리가 버드나무 가지로 뛰어오르는 모습을 보며 '노력'의 소중함을 깨닫게 되고 후일 서예가로서 명성을 얻게 되었다는 이야기가 전해진다. 수련을 하려는 자들에게 해 주는 매우 적절한 교훈적 이야기라 할 수 있다"고 전한다.

물론, 에도 말과 메이지 초기에 제작한 빗속의 오노 사다쿠로가 들어간 11월 패가 원형이라고 단정 지을 수는 없다. 만약 가부키에 나오는 강도인 사다쿠로에서 변형된 것이라고 해도 오노노도후가 왜 11월의 패에 들어가야 했는지가 설명되는 것은 아니다. 한편으로 명치시대에 들어와 교훈적인 의미를 넣기 위해 오노노도후로 바꾸었다고 주장하는 설도 있다. 그러나 이러한 주장도 현존하는 패가 명치시대에 정해진 것이라는 분명한 증거가 있는 것은 아니어서 설득력이 떨어진다.

와카에서 개구리의 계절은 늦봄으로 연못, 밭, 강 등의 장소에서 우는 정경을 노래한다. 개구리가 버드나무에 매달린 정경이 우타의 소재가 된 적은 없으며, 버드나무도 2월 말의 소재로 신록이 싹을 틔우는 모습을 노래하는 것으로 보아 개구리와 버드나무의 배합은 오노노도후의 고사에 의하여 완성되었다 볼 수 있다.

12월, 오동나무와 봉황

12월의 패에는 상상 속의 동물인 봉황이 등장한다. 봉황은 앞은 기린, 뒤는 사슴, 목은 뱀, 턱은 제비, 등은 거북, 부리는 닭, 꼬리는 물고기를 닮았고 깃털은 오색 무늬가 있는 새의 모습을 하고 있으며 천하가 제대로 움직이고 있을 때 나타난다고 전해져 내려온다. 그리고 봉황과 더불어 오동나무가 등장한다. 오동나무는 중국에서도 봉황이 머무는 상서로운 나무로 제왕의 상징으로 인식되었다.

오동나무는 일본말로 기리(きり, 桐)인데, 운슨카르타에서 끝이라는 의미의 포루투갈어 '기리'를 그대로 사용하여 마지막 패를 '기리'라고 하였다. 현재도 기리라는 의미는 마지막이라는 의미로 사용되는데, 일반적으로 오동나무 발음과

동음이의어이기 때문에 오동나무를 마지막 패로 하였다고 보고 있다.

오동나무는 『신고금화가집』에서 늦가을의 소재로 읊어졌다. '오동나무의 잎이 지기 시작하고 얼마 안 있어 그 사람이 오는 길에 쌓여 버렸다. 그 사람이 온다고 한 것은 아니지만 길을 알 수 있을까(桐の葉もふみわけがたくなりにけり 必ず人を待つとなけれど)'는 와카에서 보듯이 오동나무는 잎이 진 모습을 소재로 삼고 있다. 이 형태는 『유제화가집』에까지 이어져 10월의 소재로 정해지게 된다. 그러나 오동나무와 봉황의 조합을 일본 전통시 와카에서는 찾아보기 어렵다.

봉황은 상상 속의 동물로 오동나무에 머문다는 전설이 전해지며 일본에서도 황실의 문장으로 사용한다. 중국에서 오동나무와 봉황은 『장자』의 「소요유(逍遥遊)」편의 '붕새(鵬)' 이야기에서 유래한다. 8세기에 중국에서 편찬된 『초학기(初学記)』의 「오동나무」에는 '장자가 말하기를 붕새는 남해에서 날아 북해로 가서 오동나무가 아니면 내려앉지 않으며 왕이 현자를 취하면 오동나무가 피어난다'고 전하고 있다. 그리고 「봉황」에서는 '봉황은 제왕이 거주하는 동원(東園)에 머문다'는 설도 기록하고 있다.

이처럼 오동나무는 예로부터 왕, 혹은 군자를 나타내는

것으로 인식됐다. 헤이안과 가마쿠라 시대에는 오동나무, 대나무, 봉황은 천황만이 사용할 수 있었지만, 이후 오동나무만이 천황의 상징물이 되었다. 그러다 도요토미 히데요시가 오동나무를 사용한 문장을 하사받은 이후 오동나무는 국화 다음으로 명예로운 문장이 된다. 이처럼 오동나무가 일본에 전래된 후에는 오동나무와 봉황의 조합에 새로운 의미가 부여되었는데, '오동나무에 봉황'은 훌륭한 군주의 도래라는 의미로 발전한다.

홍단과 청단, 그리고 와카

하나후다에는 계절감을 나타내는 도안에 가늘고 긴 종이를 덧붙인 패가 있다. '적단(赤短)', '청단(青短)'이라고 불리는 대표적인 약(役, 역할)을 표시하는 종이가 붙은 패는 빨간색과 파란색, 각각 7장과 3장이다. 한국에서 '홍단' 또는 '청단'이라고 하는 적단과 청단은 일종의 단책(短册)인데, 단책은 일본의 전통시 와카를 쓸 때 사용하는 가늘고 긴 종이를 말한다. 일본어로 붉은 단책(적단)은 '아카단(あかたん)'이라고 하고 파란 단책(청단)은 '아오단(あおたん)'이라고 한다.

빨간색 띠(적단)가 붙어 있는 패는 1월, 2월, 3월, 4월, 5월,

7월, 11월 7개인데, 이 중 홍단은 1월(松), 2월(梅), 3월(桜)의 패로 1월과 2월의 패에는 '아카요로시(あかよろし)' 3월의 패에는 '미요시노(みよしの)'라고 적혀 있다. 그리고 나머지 4월, 5월, 7월, 11월의 패에는 글자 없이 그냥 빨간색 띠만 붙어있다. 파란색 띠가 붙어 있는 패는 6월, 9월, 10월, 이렇게 3장으로 한국의 화투에는 청단이라고 적혀 있지만, 하나후다에는 아무것도 적혀 있지 않다. 이것들은 모두 가늘고 긴 종이가 나무나 화초에 걸려 있는 모습으로 묘사되었는데, 오래된 하나후다에는 실로 매달려 있는 것도 발견된다.

단책이 파란색과 빨간색인 이유는 단책에 쓴 와카를 평가할 때 사용된 색에 연유한 것이다. 와카를 가르치는 스승이 단책에 쓴 제자의 와카에 첨삭을 가하고 그 평가를 '점수'로 표시하는 것을 합점(合点)이라고 한다. 이것은 단순한 점수가 아니라 와카의 의견에 빨간색 혹은 파란색으로 산 모양의 사선, 또는 사선을 표시하기도 하고 때로는 평가의 말을 첨부하기도 하였다. 사선이 붙여진 단책의 우타는 '대단히 잘된(あかよろし)' 것이라는 의미로 그것이 '아카요로시', 즉 홍단의 의미이다. 그리고 3월의 5점짜리 패에 쓰인 '미요시노'는 예로부터 벚꽃으로 유명한 나라현의 요시노(吉野)의 요시노산(吉野山) 벚꽃이라는 의미다. 여기서 요시노

앞에 붙은 미(み)는 존경의 어(御)를 미로 발음한 것으로 요시노를 높이 칭송해서 부르는 말이다.

에도시대가 되면 와카뿐만 아니라 하이카이에서도 합점이 행해졌는데, 하이카이의 가인 중에는 직업적으로 하이카이를 지도하는 사람들이 있었다. 여기서 금, 은, 주(朱), 자(紫), 청(青) 등의 색을 이용하여 등급을 매겼고 주로 사용하는 색은 빨강, 보라, 파랑이었다. 금과 은색은 특별히 고안된 것으로 특별히 우수한 상태를 의미한다.

이처럼 적단, 청단의 빨강, 파랑의 가늘고 긴 종이는 와카의 단책 합점 평가를 떠올리게 한다. 이는 소재와 계절감을 일본의 전통문학인 와카에서 빌려 온 것이라면 하나후다에 묘사된 단책, '청단'과 '홍단'도 하이카이의 합점에서 유래되었다고 보아도 그리 부자연스러운 설정은 아닐 것이다.

또한, 이 빨강과 파란색에서는 또 다른 의미가 담겨 있는데, 그것은 중국에서 유래한 음양오행의 사상이다. 하나후다가 탄생한 18세기경 중국에 기원을 둔 음양오행은 일본에서도 일상화될 만큼 친숙해져 있었다. 천지의 상태를 판단하고 일시나 방향의 길흉을 비롯하여 사람들의 인상을 판단하는 등 사람들의 일상은 음양오행에 의해 결정되는 것이라 믿었다.

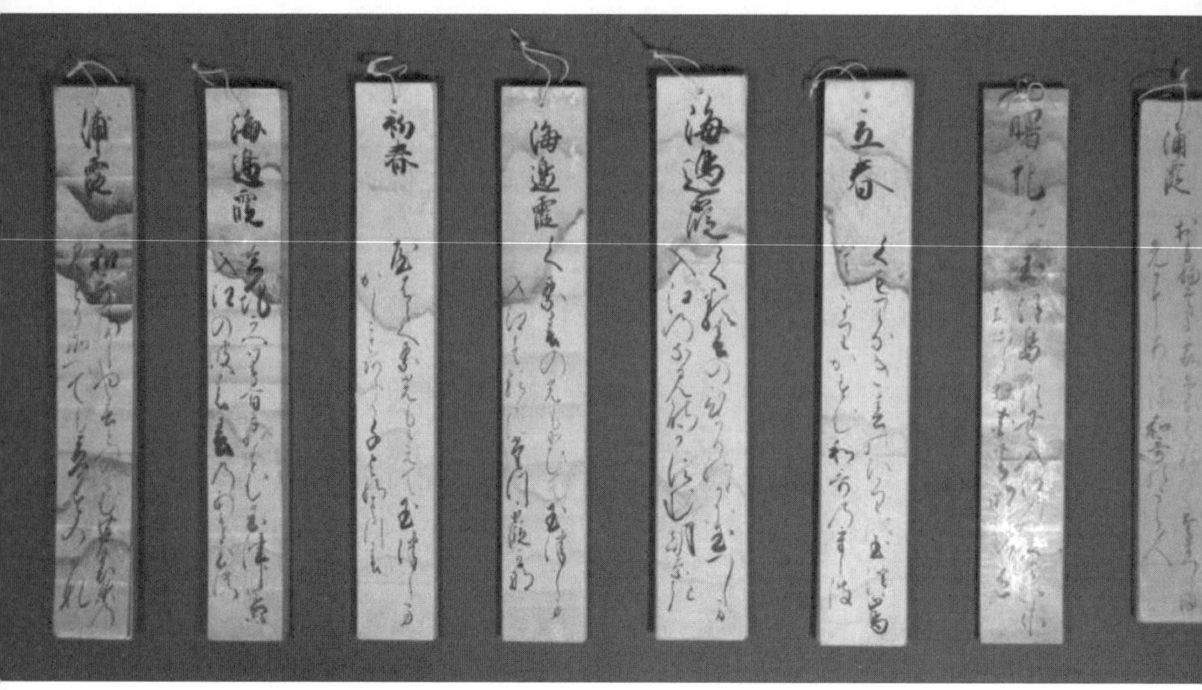

다마쓰시마신사(玉津島神社)에 봉납된 와카 단책, 에도시대, 와카야마시 교육위원회 문화진흥회.

음양오행사상은 인간의 생활과 밀접하게 연관되어 있어서, 오행인 목, 화, 토, 금, 수는 오색의 청색·적색·황색·백색·검은색에 대응하고, 동, 서, 중, 남, 북에도 대응하며, 인체의 각 부분이나 자연과도 일정한 관련성을 갖는다. 적색은 남쪽에 상응하여 모든 것이 번창하는 색이고 가장 좋은 방향이다. 그리하여 천자는 남향을 향한다는 사상으로 이어져 귀인, 천자가 있는 장소를 가리키거나 나아가 천자 그 자체를 나타내기도 하는 고귀한 색이다.

청색은 동쪽에 상응하여 사물의 시작을 의미하며 모든 것이 싹트기 시작하는 맨 처음을 의미한다. 덧붙여 말하자면 흰색은 서쪽으로 사물의 완성, 완숙을 의미하고 검은색은 북쪽으로 모든 사물의 쇠퇴를 나타내고 있다. 이러한 의미가 단책의 합점에도 그대로 적용되어 적색에 해당하는 주필(朱筆)이 첫 번째이고 청색에는 두 번째의 지위가 주어진다. 이처럼 하나후다는 소재뿐만이 아니라 적단, 홍단이라는 구성 요소도 와카의 전통에서 가져왔다.

하나후다에 나오는 히데요시와 천황

앞에서 설명한 것처럼 하나후다 12월의 문양으로 사용

된 봉황은 동양에서 훌륭한 군자(황제, 왕), 오동나무는 군자가 머무는 곳을 의미한다. 일본에서 군자는 곧 '신(神)'이었던 천황을 의미하였다. 하지만 천황의 권력은 미나모토노 요리토모(源頼朝)라는 강력한 무사의 등장으로 가마쿠라 막부(鎌倉幕府)에 밀려 정치권력으로부터 멀어지게 된다. 그 이후에는 천황을 대신하여 무사들이 군주의 역할을 담당했다. 도쿠가와 이에야스가 정권을 장악한 에도시대에 '쇼군(將軍)'은 '군자'로 칭송되었다. 하지만 1780년대 대기근과 관료들의 부패로 반막부 정서가 확산되면서 30개소가 넘는 대도시에서 봉기가 일어나 새로운 영웅을 향한 기대감이 고조되었다.

도쿠가와 막부에 대한 불만은 역으로 도쿠가와 이에야스에게 처절하게 무너진 도요토미 히데요시의 부활로 이어졌다. 1623년 가와스미 사부로에몬(川角三郎右衛門)이 히데요시와 동시대를 살았던 무사들에게서 들은 이야기를 기록한 『가와스미 태각기(川角太閤記)』를 출간한 것을 계기로 히데요시의 무장으로서의 활약상을 담은 히데요시 전기 『도요카가미(豊鏡)』 등이 출간되어 인기를 끌었다. 그때 천황제를 지탱해 주는 정신적 기반이 되어 온 와카의 전통 위에 하나후다가 성립되었다.

무로마치 막부 이후 일본 황실, 막부, 도요토미의 문장으로 사용된 동화문(桐花紋).

교토 삼십삼간당(三十三間堂)의 남대문 수막새기와. 이것은 도요토미가(家)에서 기증하여 태합병으로 불렸다.

하나후다의 마지막을 장식한 12월 패에 묘사된 오동나무는 도요토미 가문의 문장으로 태합동(太閤桐)이라고도 불린다. 도요토미 히데요시와 오동나무와의 관련성을 보여 주는 예로 태합병(太閤塀)을 들 수 있다. 교토에 있는 사원 렌게오인(蓮華王院)의 남쪽 경계인 남대문과 연결된 토담의 막새기와에 도요토미 가문의 문장인 오동나무(太閤桐)가 새겨져 있다. 원래는 도요토미 히데요시가 축조한 것으로 알려졌으나, 1600년 도요토미 히데요리(豊臣秀頼)에 의해 신축된 것으로 추측된다.

히데요시 사후 끊임없이 태합영웅전설(太閤英雄伝説)이 이어져 왔다. 태합영웅전설은 히데요시와 같은 영웅이 다시 오기를 갈구하는 민중의 염원이 히데요시 생애를 기록하는 전기를 통해 만들어진 것이다. 히데요시가 죽고 채 1년도 되지 않은 1599년, 그는 도요쿠니신사(豊国神社)에 '도요쿠니 다이묘진(豊国大明神)'이라는 칭호로 모셔졌다. 이 신사는 당시 최대의 세력을 가진 요시다 신도(吉田神道) 집안의 것이었다. 히데요시 사후에 여러 종류의 전기가 출간되어 이를 『태합기(太閤記)』라고 총칭하기도 한다.

히데요시의 서기관이었다고 전해지는 오타 규이치(太田牛一)는 비록 적은 분량이었지만 히데요시의 전쟁 기록으로

는 가장 오래된 『태합님의 군기 중에서(大かうさまくんきのうち)』(1610년 전후)를 집필하였다. 그 후 히데요시에 관한 전기가 몇몇 출간되다가 1610년대에 본격적인 일대기라 할 수 있는 『태합기』가 등장한다. 의사로 히데요시에게 봉사했던 오제 호안(小瀬甫庵)은 히데요시 사망 후 지방으로 내려가 『태합기』 2권을 저술했다. 이 책의 저술목적에 관해서는 다양한 설이 전해지지만 히데요시가 전국을 통일하고 해외로 뻗어 나가는 모습을 알리려는 목적이었던 것은 분명해 보인다. 이 책을 기초로 여러 종류의 전기가 출판되었는데, 1698년에는 누구라도 쉽게 읽을 수 있는 『삽화가 들어 있는 태합기(絵入り太閤記)』가 출간되었다.

하나후다가 성립되었다고 추정되는 때와 비슷한 시기에 히데요시에 관한 모든 출판물을 총집대성하는 책이 나왔다. 1797년부터 5년에 걸쳐 출판된 『그림책 태합기(絵本太閤記)』가 그것이다. 표지에 오동나무 문양을 그려 넣음으로써 히데요시를 상징한 이 책은 한두 페이지마다 '그림'이 들어 있어 따라 읽기 쉬웠다. 이처럼 알기 쉬운 형태로 히데요시의 허상이 유포된 것이다. 히데요시에 대항하여 권력의 자리에 오른 '신군 이에야스'의 모습이 흔들린다고 판단한 도쿠가와 막부는 1804년 『그림책 태합기』를 발매 금지한다.

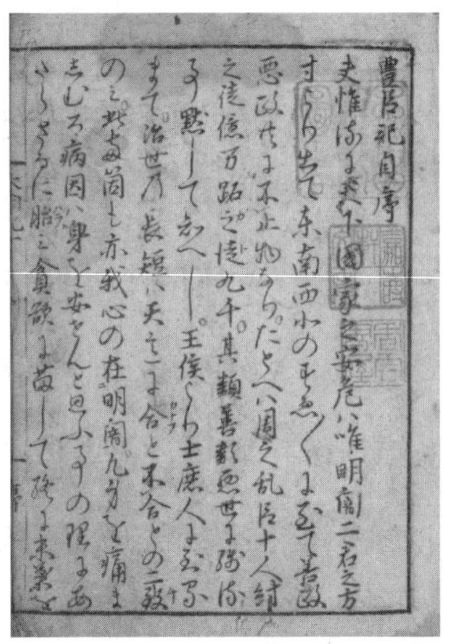

회본태합기는 에도시대에 발행된 도요토미 히데요시에 관한 그림책이다. 다른 문양과 함께 오동나무 문양이 보인다. 그리고 그림에 약간의 부연설명만 곁들여진 이 책의 폭발적인 인기에 에도막부는 1804년에 절판을 명령했다(法橋玉山画図, 1737-1808, 玉栄堂, 1797-1802), 일본국회도서관.

태합기 제1권, 오제호안(小瀬甫菴), 1625, 일본국회도서관.

메이지시대에 재출간 된 진서태합기에도 오동나무 문양이 들어가 있다(博文館, 1902-1909), 일본국회도서관.

에도 후기에도 히데요시의 인기는 식을 줄 몰라 1852년부터 십수 년에 걸쳐 『진서태합기(真書太閤記)』 12편 360권이 출간되었는데 거기에도 오동나무 문양이 묘사되었고 메이지시대에 간행된 『회본태합기(絵本太閤記)』의 표지도 오동나무 문양으로 장식했다.

히데요시에 대한 평가는 에도 말의 개화파로 메이지 유신 주역들의 정신적 지주였던 요시다 쇼인(吉田松陰)이 히데요시만큼은 '천조를 존중하여 받들고, 황은을 깊이 감명'한 무사였다는 평가에서도 미루어 짐작할 수 있다. 물론 히데요시에 대한 이와 같은 평가는 조선 원정을 단행한 인물이라는 것이 가장 큰 요인으로 작용하였다. 이는 조선과 만주 등에 대한 침략을 '천하 만세에 승계되어야 할 과업'으로 생각한 쇼인의 언급에서도 알 수 있다.

쇼인은 무로마치 막부를 설립한 아시카가시대는 명나라에 신하 됨을 자칭하며 국체 파괴의 절정에 이르렀으며, 이는 무로마치의 뒤를 이은 도쿠가와 에도 막부도 마찬가지였다고 주장한다. 국체가 바로 서지 않았기 때문에 일본이 바깥 오랑캐에 굴복한 것이라는 것이다. 이렇게 히데요시는 일본인에게는 대륙을 향한 '낭만' 그 자체였다 할 수 있다. 더욱이 도쿠가와 막부에 대한 불만은 히데요시에 대한

향수를 부추기기에 충분하였다.

이런 면에서 살펴볼 때, 12월 패에 감추어진 의미는 '오동나무와 봉황'으로 히데요시와 천황을 연상시킨다는 것이다. 나아가 메이지 유신을 일으킨 주역들은 사쓰마 출신으로 그들은 도요토미 히데요시의 아들인 히데요리를 지지하다가 세키가하라전투에서 도쿠가와 이에야스에게 처절한 패배를 당하고 이후로 계속되는 에도 막부의 감시와 차별을 견뎌야 했던 사람들이기도 하다. 도쿠가와 정권에 반대한 새로운 지도자의 등장은 언제나 '히데요시'로 대변됐는데, 그것이 에도시대에 등장한 다양한 '태합기'의 의미이다.

하나후다와 히데요시와의 관련성을 보여 주는 또 다른 패는 3월의 패에 묘사된 '벚꽃과 휘장'이다. 패의 단책에 적혀 있는 '미요시노(みよしの)'는 요시노산의 벚꽃을 가리키는 것으로 여기에서 '어가(御家)의 향연'이라는 연회가 자주 개최되었다. 벚꽃과 국화 문양의 휘장이 등장하는 모습에서 꽃구경 연회를 묘사하고 있음을 알 수 있다.

일본 역사에서 가장 화려한 벚꽃 향연을 개최한 것은 히데요시였다. 『태합기』에 의하면 히데요시의 '요시노 꽃구경'은 1594년 2월에 처음 행해졌다. 이것은 '꽃구경'을 이벤트화해서 보여 준 일본 최초의 행사라 해도 좋을 것이다.

오사카를 거쳐 요시노의 벚꽃을 보러 가는 히데요시의 화려한 행렬을 보려고 구경꾼이 구름처럼 몰렸다. 교토의 다이고사 삼보원(醍醐寺三宝院)을 중심으로 5000m 사방을 경호지(警護地)라 하였는데 그것은 꽃구경이 열리는 장소를 성역화하고 그 땅 일대에 큰 무대를 설치하였기 때문이다. 그곳에 찻집을 설치하고, 연못에는 장난감 배를 띄우고, 예능꾼, 장사꾼 등을 모이게 하였다.

최대한 사치스럽게 멋을 부린 사람들이 통과하는 거리에는 말을 고정할 울타리가 설치되고 오색단자에 휘장이 쳐졌다. 『회입태합기(絵入太閤記)』에 의하면 '다양한 직물과 비단으로 만들어진 휘장은 극락세계도 이보다 못할 것이다(色々の織物、錦の幕をはらせ給ひしは、上品王宮極楽世界も、これには過ぎじと覚えける)'라고 전한다. 그리고 수행하는 자도 히데요시 못지않은 화려함이 극치에 달했다. 또한 꽃구경 연회에서 시를 읊는 모임을 개최함으로써 종래의 귀족들에 의해 행해지던 꽃구경이 히데요시라는 무사에 의해 그 형태가 확실하게 계승되었고 변모되었다.

3월의 패에는 모모야마시대에 제작된 히데요시의 꽃구경을 그린 「다이고꽃구경병풍도(醍醐花見図屏風)」의 휘장에서 국화 문양을 발견할 수 있다. 천황의 문장이 16엽의 국화로

다이고꽃구경병풍도 부분도 6곡일척(六曲一隻), 16세기, 일본국립역사박물관.

결정된 것은 1869년의 일이지만 국화 문양이 처음 사용된 것은 13세기 고토바인(後鳥羽院)까지 거슬러 올라간다. 이렇게 역사를 살펴보면(적어도 하나후다와 관련해서 볼 때는) 히데요시와 천황은 동전의 양면처럼 겉과 속의 관계처럼 보인다. 과장하여 표현하자면 1869년 천황의 문양이 공식적으로 용인되었다는 것은 히데요시와 천황이 대등하다고 할 수 있는 정도의 신분으로 공인되었다고 말해도 좋을 것이다.

이처럼 이전과 달리 귀족, 무사, 문예인들이 행한 꽃구경에 일대 변화를 가져온 것이 '요시노의 꽃구경'과 '다이고의 꽃구경'이었다. 히데요시의 꽃구경 이후 휘장을 두르고 향연을 즐기는 것은 절대 권력을 과시하는 것으로 인식되었다. 조선 출병의 실패와 병세 악화로 정권존립이 위협받던 1598년, 히데요시는 다이고에서 생의 마지막 벚꽃구경 연회를 성대하게 개최하였다. 봉황이 깃드는 오동나무 문양, 꽃구경, 국화문양의 휘장 등은 천황과 히데요시를 한번에 떠올리기에 충분하였다.

히데요시는 농민에서 입신양명하여 천하 통일을 완성한 인물로 그의 일생은 각종 『태합기』에 묘사된 것처럼 비천한 출신, 그런데도 굴하지 않은 근면한 노력, 서민성으로 이루어졌다. 이 3가지는 히데요시의 일생을 대변하는 특징으로 어려운 시기마다 사람들로 하여금 히데요시를 불러내게 하였다. 지금의 일본도 경제가 어려워지면 어김없이 히데요시 드라마가 방영되는 것에서 그를 통한 대리 만족과 함께 그에게서 문제 해결 방법을 배우고자 하는 마음을 엿볼 수 있다.

어쩌면 히데요시가 가진 '근면, 성실, 노력'하는 자세가 하나후다의 11월 문양 '오노노도후와 개구리'를 만들어 낸 것이 아닐까? 일본의 3대 서예가 중 한 사람으로 존경받는 오노노도후는 그의 전기가 말해 주는 것처럼 원래 재능이 있는 사람이었다. 그것이 에도시대 후반 바이엔의 『매원총서』에서 알 수 있듯이 '노력'하는 사람으로 평가받게 되었다. 그것은 평범한 서민에 의해 만들어진 이미지가 아니라 권력자에 의해 만들어진 논리이다. 그러나 오노노도후를 하나후다에 넣음으로써 일본의 전통적인 계절감과 서민들의 영원한 선망의 대상인 '노력하는 영웅상'을 나타내 보였다고 추정할 수 있다.

3부
화투와 한국

하나후다, 화투가 되다

1) 조선에 유입된 하나후다

일본에 의한 식민지배의 잔재는 아직도 한국문화 여러 곳에 남아 있다. 그중의 하나로 일본에서는 닌텐도 박물관에서나 볼 수 있을 정도로 존재감이 없지만, 한국에서는 여전히 대표적인 놀이 문화로 거론되고 있는 화투를 들 수 있다. 이런 점에서 전혀 다른 문화권에 의한 지배가 우리가 의식하지 못한 곳에서 뿌리 깊게 남아 있음을 새삼 언급할 필요는 없을 것이다.

다른 민족에 의한 지배를 부정하고 싶은 마음은 당연하

다. 그러나 일본문화는 우리가 의식하지 못한 곳에 남아 있거나 아니면 알면서도 외면하는 상황에 놓여 있다. 화투에 대한 사회적 인지도가 높음에도 불구하고, 화투에 대한 연구가 상대적으로 미미한 것은 이러한 선입견 때문이라고 보인다.

하나후다가 언제 처음 조선에 유입된 것인지에 관해 밝혀진 바는 없다. 여러 주장 중 하나가 19세기 초반 일본에서 엄청난 인기를 누리고 있었던 점을 고려하여 조선 말, 쓰시마섬(對馬島)을 왕래하던 일본인 상인들에 의하여 조선에 들어왔다는 것이다. 또 다른 견해는 1860년대 일본에서 정한론(征韓論)이 대두하면서 대륙에 대한 관심이 고조되자 조선으로 많은 일본인이 유입되었는데 이 시기에 하나후다가 조선에 들어왔을 것이라는 견해이다. 전자는 가능성이 전무하지는 않지만 이를 증빙할 만한 구체적인 자료가 남아 있지 않다. 하지만 후자는 1880년경 일본에는 하나후다의 폐해를 지적하는 기록이 다량 남아 있고 청일전쟁 중 군인 및 군속 노동자들이 다량의 하나후다를 소지하였었다는 점을 상기해 볼 때, 그즈음에 다량의 하나후다가 조선에 유입되었을 것이라는 추정을 가능하게 한다.

조선에서의 화투관련 자료는 러일전쟁(1904)을 전후로 두 드러지게 등장한 신문 기사이다. 기사는 조선의 고위 관리들이 거액의 화투판을 벌이거나 화투로 인한 도박 빚으로 가산을 탕진하는 등 화투로 인한 폐해를 지적한다. 이러한 점에서 화투는 1890년대 후반 조선에 유입된 것으로 추정된다. 한편 조선 말, 정부는 갑오개혁(1894)을 단행하고 도박을 전면 금지한다. 1895년 3월 10일 내무아문에서 각 도에 훈시한 제반 규례 중에 도박 금지조항이 포함되었다. 그런데 하나후다는 사행성 도박으로 조선에 유입되었음에도 별다른 제재를 받지 않는다. 더욱이 도박이 금지되었던 이 시기에 단시간 내에 하나후다가 퍼진 배경은 무엇일까? 이러한 의문에 대해 메이지 정부가 시행한 1886년 하나후다 및 골패의 해금조치와 1902년의 골패세 제정과 같은 일본 내 정치적 상황과 하나후다의 조선 유입·확산 사이의 관련성을 살펴봄으로써 그 답을 찾을 수 있을 것이다. 또한, 하나후다의 유입으로 인해 벌어진 조선 백성의 피해 상황과 이에 대한 조선 지배계층의 대응 방식도 알아볼 필요가 있다.

2) 청일전쟁과 하나후다

부산에는 고려 시대부터 왜관이 있어 일본인과의 교류가 활발하였지만 1876년 조선은 일본과 '강화도조약'의 체결로 부산, 인천, 원산을 개항하고 그 후속조치로 '조일무역규칙'이 제정되었다. 그중 (6관) 양곡의 무제한 유출 허용과 (7관) 일본 수출입 상품에 대한 무관세 규정으로 경제적 이득을 추구하는 많은 일본인이 부산으로 건너왔다. 일본인의 유입이 많아지자 조선 정부는 1877년 남포동 일대에 일본인만 거주할 수 있는 전관거류지(專管居留地)를 설치하였다. 부산에 있던 일본의 전관거류지는 일본 땅이나 다름없었다.

전관거류지에는 그들의 생활에 편리하도록 가로등, 도로망이 정비되었고 전차가 들어왔다. 그 외에도 경찰서, 상업회의소, 전신국, 병원, 은행 등이 차례대로 세워져 일본 시가지와 흡사하였다. 일본 정부는 전관거류지를 조선 침략의 발판으로 세웠다. 당시 일본은 메이지 정부에 정면 도전하는 세이난전쟁(西南戰爭)의 발발로 정치적 혼란과 갈등이 고조되고 있었다. 메이지 정부는 국내의 불만을 잠재우기 위해 조선으로의 이주 장려 정책을 시행하였고, 이는 거류지 인구 증가로 이어졌다.

1880년 거류지의 일본인을 보호하고 한일 무역을 촉진하기 위해 일본 영사관이 세워졌다. 그로 인해 일본인 수는 1876년(82명), 1880년(2,066명), 1893년(4,750명), 1896년(5,423

명), 1903년(11,711명), 1908년(21,292명)으로 증가하였다. 그리고 1910년에는 4,508호 21,928명이 거주하게 된다. 『조선왕조실록』 1882년(고종19) 3월 29일 기사에는 '근년 이래로 일본인들의 내왕이 계속되고 있으며 가지 않고 오래 머무는 자가 있고 나중에 더 온 경우도 있습니다. 오늘 경성(京城) 내외에 괴이한 모양에 망측한 옷차림을 한 사람들이 우리 사람들과 뒤섞여 있으니, 호(胡)와 월(鉞)이 한 집안사람이 되고 사람과 귀신이 뒤섞여 있는 격이라고 말할 수 있습니다'라며 경성에 일본인이 늘어나는 것을 우려하는 기록이 있다.

이러한 조선에서의 일본인 증가에 커다란 계기가 된 것은 조선의 지배권을 놓고 벌인 청일전쟁(1894-1895)이다. 임오군란으로 주도권을 잡은 일본은 갑오농민전쟁(1894)의 진압과 같이하여 청일전쟁의 군수기지로서 조선으로 대량의 일본인을 유입시켰다. 이 과정에서 하나후다가 들어온 것으로 추정된다. 김근찬은 1926년에 출간된 『조선도박요람(朝鮮賭博要覽)』에서 '지금 조선에서 일반적으로 도박의 도구라고 인정되는 것은 투전, 화투, 골패 정도로 이것을 손에 드는 것은 도박하는 것으로 인정하고 이 이외의 것은 모두 유희로 인정한다'고 서문에서 밝힌 후 화투가 조선에 유입된 것은 약 30년 전, 즉 청일전쟁이 발발한 1895년경에 들어와 젊은

이들에게 엄청난 인기를 구사하였다고 기술하고 있다.

1904년에 집필된 『전시성공사업(戰時成功事業)』에는 '청일전쟁 당시 전쟁터에서 화투 행상으로 큰 이익을 얻은 자가 있었는데, 군부 등이 무료함을 달래려는 방법으로 고심 끝에 생각한 것이 화투를 오락의 재료로 사용한 것일 것'이라며 청일전쟁 당시 군인들의 사기를 증진하기 위해 다량의 화투가 사용되었고 그로 인해 화투업자가 큰돈을 벌었다고 전하고 있다.

일본 유희사의 선구자인 마스카와 고우이치(增川宏一)는 당시 일본에서는 골패세 등으로 더욱 영세해진 골패제조업자들이 중개업자를 통해 일본인이 진출한 조선이나 중국 등

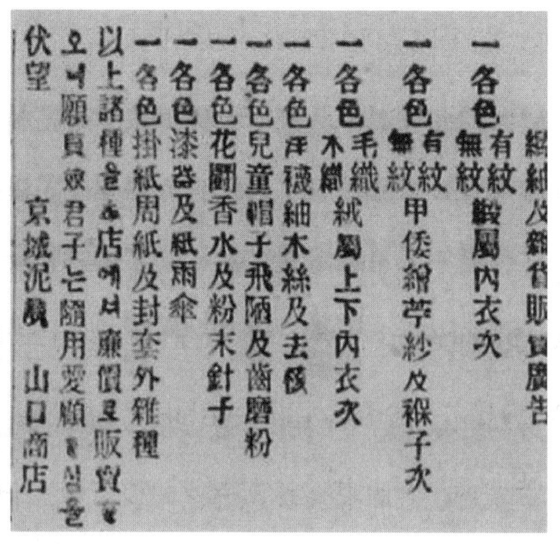

綿紬及雜貨販賣廣告
一 各色有紋無紋緞屬內衣次
一 各色有紋無紋甲倭綃苧紗及裸子次
一 各色毛織木綿絨屬上下內衣次
一 各色洋襪紬木絲及去[illegible]
一 各色兒童帽子飛陋及齒磨粉
一 各色花闘香水及粉末針子
一 各色漆器及紙雨傘
一 各色掛紙周紙及封套外雜種
以上諸種을本店에서廉價로販賣홈
오니願買僉君子는隨用愛顧홈을
伏望 京城泥峴 山口商店

야마구치상점의 광고, 황성신문 1902.12.18. 국립중앙도서관.

의 지역으로 수출하였는데, 중개업자들은 친분이 있는 정치권이나 군부 인사들과의 연을 통해서만 수출할 수 있었다. 그런 점에서 일본의 정치인들이 하나후다를 조선에 확산시켜 반일, 항일운동의 분위기를 약화하려는 의도가 있었을 것으로 추측했다. 이러한 마스카와의 주장은 확인할 방법이 없지만 적어도 청일전쟁으로 유입된 하나후다를 조선인에게도 판매했던 것은 분명한 것 같다. 이것은 갑오개혁으로 도박이 금지되었음에도 1902년의 황성신문에는 잡화상 야마구치상점에서 하나후다를 판다는 광고가 공공연히 게재되었기 때문이다.

하나후다 연구가 에바시 다카시도 청일전쟁과 러일전쟁을 통해 조선을 비롯한 대륙에 하나후다가 퍼졌다고 지적한다. 청일전쟁 발발로 전쟁터에 파견된 것은 군인들만이 아니라 토목공사와 광물자원 채굴을 담당한 노동자, 물자를 운송하는 사람 등 수 많은 군속노동자가 있었고 이들의 여가시간을 위해 다량의 하나후다가 전쟁터에서 팔려 나갔다. 이것은 해외파견에서만이 아니라 일본 국내의 경우도 마찬가지였다.

명치시대 중기, 홋카이도 개발을 위해 정부가 설립한 관청의 홋카이도개척사(北海道開拓使, 1869-1882)에는 대량의 노동자들이 투입되었는데 그곳에 거대한 도박장이 만들어져 이와테현 하나마키시(岩手県花巻市)와 교토의 카르타 제조업자가 하나후다를 공수할 정도였다. 홋카이도에서의 하나후다 유행처럼 청일전쟁으로 대량의 군인이 조선으로 투입되자 이를 계기로 다량의 하나후다가 조선의 땅에 유입되었다는 것이다. 이런 점에서 조선으로 건너온 하나후다판매자들은 아마도 청일전쟁에 참여한 군인 및 군속노동자만이 아니라 조선인들에게도 하나후다를 판매하였을 가능성이 매우 크다.

이처럼 조선에 화투가 유행하자 일본의 화투 관련업자는 화투를 본격적으로 수출하게 되었다. 더욱이 수출하는 화투에 대하여는 골패세의 적용을 받지 않았으므로 저가로 판매할 수 있었다. 하지만 본격적인 조선으로의 화투 유입은 러일전쟁이 계기가 된다. 이것은 골패세 시행으로 인한 일본에서의 하나후다 판매부진을 불식시킬 호재로 작용하였다. 오사카, 교토의 화투업자들은 이 기회를 놓치지 않고 조선으로 화투를 수출하기 위하여 서둘러 화투를 끌어모았다.

그 덕분에 거의 폐업상태에 빠져 있던 교토의 일본골패제조(日本骨牌製造)사는 창고에 묵혀 두었던 화투들을 저가로 조선으로 수출하면서 오늘날 일본의 4대 골패제조회사로 발돋움할 발판을 마련할 수 있었다. 그리고 조선으로 수출한 화투 중에서는 품질이 조악해서 판매할 수 없는 불량품이나, 패가 몇 개 빠진 화투 등이 포함되기도 하였다. 이후 외교권 박탈로 실질적인 통치권을 상실하게 된 을사늑약 이후에는 조선에서 화투가 당당히 판매될 수 있었고 서민들 사이에 폭발적으로 유행하게 되었다.

조선에서는 주로 저가의 화투만이 판매되었기 때문에 일본의 화투제조업자들은 조선에 팔기 위한 질 낮은 화투를 개발하였다. 일일이 손으로 그리고 복잡한 공정을 거쳐 제작하던 일본의 하나후다와 달리 두꺼운 종이에 기계로 인쇄하여 화투 크기에 맞게 잘라 만든 것들이었다. 일본 화투제조사업자들은 이런 카드를 짜투리(切りっぱなし, 切り落とし)라고 불렀다. 고가의 화투가 조선에 유입되지 않았던 것은 아니지만, 당시 일본의 화투제조업자들에게 조선용 하나후다인 화투는 저가의 조악한 화투를 의미하는 것이었다.

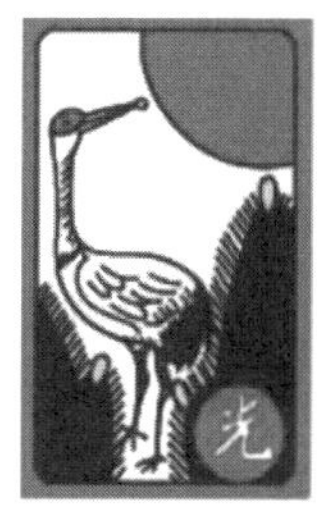

현재 한국의 5광 화투.

지금까지 남아 있지 않지만 어떤 화투제조업자는 조선 수출용 화투 8월 패의 노란 보름달에 떡방아를 찧고 있는 토끼를 그려 넣어 수출하기도 하였다. 그런데 꽤 인기를 끌면서 달 속에 다양한 문양을 그려 넣은 화투가 제조되었다. 여기서 주목해 봐야 할 사항은 이때 일본에서 1월, 3월, 8월, 11월, 12월의 20점짜리 패에 광(光)자를 넣은 하나후다가 등장한다. 하치하치 놀이에서 이런 20점짜리 패 5개를 모으면 5광이라는 약이 되는 놀이의 규칙으로 이 '광'자가 적힌 하나후다가 조선에도 유입된 것이다.

그런데 현재 일본에 광자가 적힌 하나후다가 남아 있지 않은 것으로 보면 일시적으로 제작되기는 하였지만 인기가 없어 사라진 것으로 추정된다. 이에 비해 조선에서는 광자가 없는 유형의 화투는 사라지고 유일하게 광자가 적힌 화투만이 정착하였다. 그 배경은 일본 놀이방식에 익숙하지 않은 조선인들에게는 광자가 적힌 화투가 훨씬 게임을 하기에 쉬웠기 때문이었을 것이다. 이런 화투가 서민들 사이에 유행하면서 놀이방식도 일본에서 유행한 '하치하치'가 아닌 비교적 간단한 '바캇파나(馬鹿っ花, 바보화투)'가 유행하였다. 이 놀이방식은 단순히 점수만을 경쟁하는 것으로 약이 없어서 바보(바카)화투라고도 불렸다.

전쟁이 끝난 뒤에도 일본군의 숫자는 계속 증가하여 『제국신문』 1899년 2월 17일 기사는 '일본 사람이 우리 대한에 나와서 각처에 있는 수효를 작년 십일월에 조사한 것인데 삼화진남포에는 삼십팔 호에 인구가 일백이십 명이오. 부산항에는 일천이백삼십삼 호에 인구가 육천일백육십삼 명이오. 목포에는 이백오십일 호에 인구가 구백팔십팔 명이오. 한성에는 사백칠십구 호에 인구가 일천육백팔십이 명이오. 합호가 이천구백육십칠 호, 인구도합이 일만삼천이백사십 명인데 이 외에도 원산항과 송도 있는 일인이 여러백 명 될 듯하고'라 전한다.

조선에 온 일본인은 다양한 계층의 사람들이었다. 메이지 정부의 사민평등(四民平等)정책으로 무사 신분을 박탈당하고 생활이 궁핍해지자 낭인(浪人)이 되어 새로운 활로를 찾으려는 무사 계층의 사람도 있고, 조선인을 상대로 하는 장사에서 일확천금을 꿈꾸는 상인들도 있었다. 그중에는 일본에서도 어느 정도 신분을 가지고 있었던 사람도 많았다. 그들이 조선의 고위층과 밀접한 관계를 맺는 과정에서 하나후다가 조선 상류층에 전해졌을 가능성도 있다.

예를 들어 일본의 전통시, 와카 개혁을 주장하며 1900년 『명성(明星)』을 창간하고 일본전통문학의 개혁 운동에 앞장

서게 되는 요사노 뎃칸(与謝野鐵幹)은 1895년 4월 조선으로 향했다. 명목상으로는 조선에서의 '일본어 교사'였지만 사실은 조선에서의 정치활동을 목적으로 한 것이다. 명성황후 시해사건에서 낭인들에 협력한 호리구치 구마이치, 아유가이 후사노신 등이 그의 친구다. 그는 사건 당일 여행 중이라 이 사건에 참여하지 못했다. 그 후 1897년 다시 조선을 찾았을 때, 이창렬(李彰烈)의 집을 빌려 머물렀다. 이창렬은 을사 5적 중 한 사람인 이근택과 더불어 아관파천(俄館播遷)한 고종을 환궁시키려고 모의한 사람이다. 이처럼 조선을 찾은 일본인들은 친일파 고위관리들과 접촉을 하였고 그 과정에서 화투가 퍼졌을 가능성이 매우 크다.

이러한 상황을 1908년 2월 28일 『대한매일신보』는 '건달까지 온다. 근일에 일본 사람들이 경부철도로 많이 온다는데 그 이유를 들은즉 실업이 없는 건달패들이 생애할 목적으로 건너오는 것이라고 여항간 전설이 있다더라'고 전한다. 일본인이 거주하는 조계 지역은 치외법권 지역으로 무역, 잡화뿐만 아니라 유기장, 매춘업 등도 성행하였다. 거기에는 '화투국'도 설치되었으며, 화투국이 관청이나 기관이라 단정할 순 없으나 그곳에서 화투가 성행하였다는 점은 분명해 보인다.

1864년 흥선대원군(興宣大院君)의 집정부터 1910년까지, 그야말로 격동의 47년간의 조선 근대사를 기술한 구한말 유학자 황현의 『매천야록(梅泉野錄)』(1906)에는 '1894년 이후 도박이 사라졌는데, 최근 일본인들이 서울과 각 항구에 화투국을 설치하여 미련한 신사와 밑천이 적은 상인들이 파산하는 일이 빈번하였다'고 전하고 있다.

이처럼 화투는 구한말, 강화도조약 및 청일전쟁 시기에 대거 조선에 건너온 일본인들에 의하여 유입되었고 거류지 중심으로 전파되었을 가능성이 매우 농후하다. 하지만 초기에는 일본인들이 자유롭게 조선인들을 접할 수 없었던 것을 생각해 보면, 일본인과 접촉을 할 수 있고 나아가서 긴밀한 관계를 맺고 있던 일부 조선인과 유흥가 등에 한정되었을 것으로 보인다.

당시 조선에서는 도박이 기승을 부려 1894년 갑오개혁으로 전면 금지되었으나, 곧 부활하여 화폐경제의 성행으로 늘어난 조선인들의 사행심을 부추겼다. 요즈음으로 치면 복권도 유행하여 1899년에 결성된 만희사와 채회국은 아예 정부에 세금을 내고 경무사를 불러 추첨을 맡기기까지 했다. 『조선왕조실록』 1899년(광무3) 7월 4일 항목에 다음과 같은 기사가 있다.

의정부 의정 윤용선(尹容善)이 아뢰기를 "이른바 채회국(彩會局)이라는 것은 바로 잡기(雜技)의 일종입니다. 경무사의 책임을 맡은 자는 마땅히 엄격히 금지시켜야 하는데 도리어 인가하고, 며칠 전에 본부에서 내부에 조회하여 그들로 하여금 다시 신칙하여 금단하게 하였으나 또한 거행하지 않았습니다. 의정부가 안중에 없기가 어찌 이렇듯 극심하단 말입니까? 사체로 헤아려 볼 때 매우 놀랍고 통탄스럽습니다. 경무사 남명선(南命善)은 본 벼슬을 면직하소서."

이후 1900년대에 들어서면 지위의 고하를 막론하고 노름에 가산을 탕진한다는 기사를 쉽게 찾아볼 수 있다. 1895년 을미사변 이후 집권한 개화파 정부는 88개조의 제반규례를 훈시하였다. 이 중 46조에서 48조가 투전과 골패를 금하는 내용이다. 유승훈은 『다산과 연암, 노름에 빠지다』(살림, 2006)에서 이 같은 기록을 들어 화투가 이미 조선에 유입되었을 가능성을 언급하면서 화투가 조선에서 퍼진 것은 투전과 골패가 금지된 1895년부터 1904년 사이로 추정하였다. 화투에 대한 피해가 급증하는 것은 1904년 이후이지만, 유승훈의 지적대로 골패, 투전이 금지된 1895년 이후에 화투는 조선 사회에 파고들었고 그 폐해가 1905년, 을사늑약을 전후로 표면화된 것으로 추정한다. 한일병합 이후에는 화투를 엄하게 규제하지 않게 되자 투전의 빈자리를 화투가 대신하여 더욱 성행하게 된다.

화투의 유입과 화투타령

1) 화투타령

조선에 일찍부터 다양한 종류의 하나후다가 유입되었을 가능성은 창포에 반딧불이 날아다니는 5월의 10점짜리 패에서도 찾아볼 수 있다. 1880년대 일본에서 제작된 것으로 추정되는 하나후다 5월패의 경우 창포와 반딧불로 구성되어 있다. 이는 일본에서도 매우 이례적인 것으로 현재 일본과 한국에서는 반딧불이 묘사되어 있지 않다. 하지만 조선에 이 하나후다가 상당히 유통되었을 가능성을 화투타령에서 찾아볼 수 있다. 이는 조선에 일찍부터 다양한 종류의 하나후다가 유입

반딧불이 있는 5월패, 출처: 에바시 다카시, 오시카이 나오토, 「하나카르타의 시원과 현재에 관한 의문」, 유희역사학회 16호, 2004, p.90.

되었다는 증거가 되기도 한다.

타령은 사물의 모습이나 행위의 특징을 해학적인 사설로 구성하고 있는 민요이다. 장기타령, 투전타령과 마찬가지로 일종의 유희요(遊戲謠)인 화투타령은 화투에 그려진 그림을 풀어낸 노래이다. 놀이하며 부르는 타령으로 대표적인 것이 투전타령이다. 화투타령의 경우는 일제강점기 서민층을 중심으로 퍼져 나간 화투와 더불어 생겨났을 것이다. 내용은 다달이 변하는 자연현상, 생업에 관한 일, 각종 생활 의식 등에 관한 일이나 기타 생각나는 일들을 열두 달의 순서에 따라 읊은 달거리 형식으로 되어 있다. 또한 이 타령은 화투의 1월에서 12월에 사용하고 있는 대표적인 소재, 소나무, 매화, 벚꽃, 모란, 싸리, 공산, 국화, 단풍, 오동, 비 화투패의 그림을 소재로 만든 노래이다. 이러한 화투타령은 도구를 사용하는 도구유희요(遊戲謠)로 다음과 같은 여러 타령이 있다.

정월 솔아 속삭이던 정이
이월 메주에 맺혀 놓고
삼월이라 사꾸라 산란한 마음
사월 흑사리 흩어져 놓고

오월이라 난초에 놀든 나비

유월 목단에 춤을 춘다

칠월이라 홍돼지 홀로서 누워

팔월 공산에 달구경하니

구월이라 국화꽃이나 피어

시월 단풍에 뚝 떨어진다

동지라고 석달하고 값이나 높아서 좋을씨고

- 강원도 춘천 화투타령.

정월 솔가지에 솔솔한 마음

이월 메조나 맺어 놓고

삼월 사쿠라 산란한 마음

사월 흑싸리에 막아 놓고

오월 난초 나는 나비

유월 목단에 춤을 춘다.

칠월 홍돼지 홀로 누워

팔월 공산을 바라다 보고

구월 국진 굳은 마음은

시월 단풍에 다 떨어지네

오동지 섣다 긴긴 밤에

이도령 오기만 기다린다

- 안산지역(安山地域)의 구비전승.

정월 송화에 속삭은 내 마음

이월 매조에 맺아 나놓고

삼월 사쿠라 필등말등

사월 흑싸리 허쳐 나놓고

오월 난초에 나르는 나비

유월 목단에 모여 나든다

칠월 홍돼지 홀로 누워

팔월 공산에 달도 밝다

구월 국화 굳었던 마음

시월 단풍에 다 떨어졌구나

오동추야에 달도나 밝고 섣달에 비가 원수로구나

- 완도민요.

정월 솔솔 서남풍에

이월 매조를 맺어 놓고

삼월 사꾸라 산란한 마음

사월 흑싸리 흑송 되어

오월 난초 범나비는
유월 목단에 춤 잘 춘다
칠월 홍돼지 외로이 누워
팔월 공산 달 밝은데
구월 국화 굳은 마음
시월 단풍에 다 떨어지네
비 새따라 강남 가지

-하동지방.

화투타령에서 5월에 나비가 등장하는 것은 6월과의 연결을 부드럽게 하기 위해서일 수도 있지만, 반딧불이의 변형일 가능성도 전혀 없지는 않다. 그리고 대부분의 화투타령은 5월에 나비가 나는 것을 노래하고 있지만, 나비가 없는 화투타령도 존재한다. 다음의 타령에는 나비는 없고 '오월 난초 꽃핀 김기'라고만 노래하고 있다. 여기서 '김기'가 무엇인지는 확실치 않다.

정월 속속들이 정들여 놓고
이월 매주에 맹세하니
삼월 사구라 사잣던 마음

사월 흑싸리 흩어지고

오월 난초 꽃핀 김기

유월 목단에 춤을 춘다

칠월 홍돼지 홀로 누워

팔월 공산에 구경하세

구월 국진 굳은 마음

시월 단풍에 흩어지고

동지 섯다 찬바람은

뼛고 속으로 찾아든다

얼씨구나 좋네 정말로 좋네

아니노지는 못하리라

- 부안군 산내면.

이렇게 다양한 버전이 존재하는 이유는 일본의 전통에서 태어나고 자란 하나후다를 나름대로 한국의 놀이로 정착시키고 노래로까지 발전시킨 결과이다. 그러나 이것은 하나후다가 일본에서는 연중행사와 문학의 계절 감각이라는 전통 위에 탄생하였지만, 한국으로 넘어와서는 오로지 투전과 같은 놀이로만 수용한 결과이기도 하다.

2) 화투와 하나후다의 차이

한국의 화투와 일본의 하나후다 그림에는 몇 개의 차이점이 있다. 가장 큰 차이는 한국의 화투 20짜리 패에 광(光)이라는 글자를 넣는다는 것이다. 이 '光'자의 의미에 대하여 여러 가지 의견이 있지만, 일본의 대표적인 하나후다 놀이 코이코이(コイコイ)에서 연유된 것이라고 본다. 코이코이를 잘 알지 못하는 조선인들에게 놀이 방법을 좀 더 쉽게 알려 주기 위해 광자를 새겨 넣은 것으로 추측되는데, 현재로는 당시 화투를 발견하지 못한 관계로 언제부터 광자가 화투에 삽입되기 시작하였는지는 알 수 없다.

둘째는 같은 패에 있는 그림의 차이이다. 8월 20짜리 패를 보면 한국 화투에는 빈 산이 단순하게 검게 칠해져 있을 뿐이지만, 일본 하나후다에는 가을의 상징인 갈대가 확연하게 그려져 있다. 또한 한국에서 흑싸리라고 부르는 4월 패가 흑싸리가 아닌 등나무라는 것이다. 싸리나무 꽃은 봄이 아닌 7, 8월에 피는 꽃으로 상식적으로 4월이 싸리나무가 될 수 없음에도 싸리나무로 부른 것은 등나무가 그려진 4월의 화투를 거꾸로 보았기 때문이다. 이 등나무의 모습이 7월의 싸리와 흡사하다고 생각하여 흑싸리라 불렀던 것 같다. 이 같은 사실에서 유추할 수 있는 것은 한국에서는 화투에 묘사된 동식물의 그림이 계절과 관련이 없다는 것과 그다지 큰 의미를 부여하지 않았다는 것이다.

셋째, 일본의 하나후다에는 청단과 홍단이라는 글자가 없다는 것이다. 한국에서도 초기에 만들어진 화투에는 청단과 홍단이라는 글자 없이 그냥 붉은색, 파란색 띠만 그려져 있었다. 언제부터 홍단과 청단이라는, 그것도 한글로 들어가기 시작하였는지는 알 수 없으나, 현재 한국에서 통용되는 화투의 모양이 정착하기 시작한 것은 1940년 정도의 일로 추정한다.

넷째, 일본과 한국 화투의 8월 10짜리 패에는 세 마리의 기러기가 묘사되어 있다. 그런데 '일본골패제조'사에서 제작한 하나후다의 기러기는 모두 노란색이지만 한국 화투는 가장 밑에 있는 새 한 마리만 빨간색으로 칠해져 있다. 아마도 이 회사와 더불어 화투를 조선에 수출한 '오이시 텐구도(大石天狗堂)'가 흉내 내어 만들면서 한 마리만 빨갛게 색이 칠해진 것으로 보고 있다. 하지만 닌텐도의 경우는 세 마리 모두 노란색으로 칠해져 있다. 그런데 간혹 한국 화투에는 기러기가 산으로 내려오는 모습이 아닌 하늘로 날아가는 모습으로 제작된 것들도 유통되고 있다. 이는 조선에 유입된 이후 생겨난 변화로 정확한 이유는 알 수 없다.

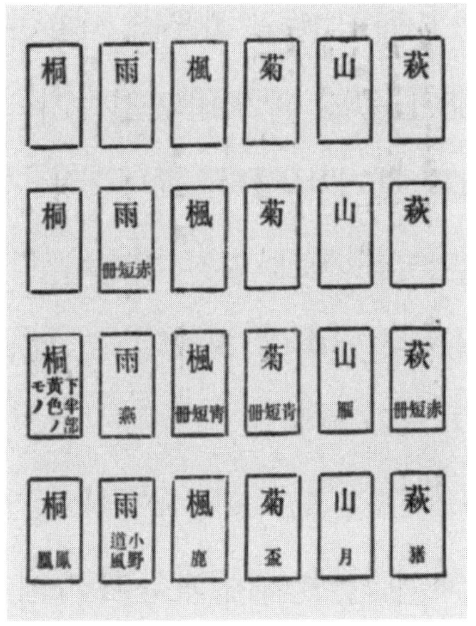

김근찬, 『조선도박요람』, 1926.

다섯째는 한국의 11월에 해당하는 오동과 12월의 버드나무가 일본과는 서로 뒤바뀌었는데 이 배경에 대해서 여전히 의문이 남는다. 앞서 소개했던 김근찬의 『조선도박요람』의 화투사용법을 위해 게재했던 삽화에는 11월과 12월의 패가 서로 바뀌지 않은 도판을 실었다. 그런데 『동아일보』 1925년 4월 5일 자의 '화력(花曆)'이라는 제목의 기사에는 '일본의 화투를 아는 사람으로는 누구나 다 아는 것이지만은 (중략) 11월은 오동(梧桐), 12월은 비(雨)로 이 중에 팔월공산(八月空山)과 12월 비(雨)를 제외하고는 다 꽃 피는 식물이다'라는 내용이 등장한다. 다시 말하면 1925년 조선에서는 이미 11월과 12월이 바뀐 화투를 사용하였다는 것이다. 언제부터 11월과 12월의 패가 바뀌었는지에 대하여서는 아직 분명한 증거를 찾지 못했다. 재미있는 것은 하나후다가 도요토미 히데요시를 통해 일본 정신을 강조하였지만, 한국에서 12월 패는 손님이라 칭해져서 그러한 정신이 무시되었다는 점이다.

또한, 김근찬의 『조선도박요람』은 당시 조선에서 유행한 하치하치 '바캇파나'의 놀이에 대하여 자세히 소개한다. 바캇파나의 놀이규칙은 우선 처음에는 각자의 방법으로 선을 정하고 그다음부터는 가장 빠른 달의 패를 뒤집은 사람이 선이 된다. 3명이 하는 경우 선 오른쪽 옆에 앉은 사람이 패를 섞고 선은 전원에게 패를 우선 3장, 나중에 4장을 나눠 주고 바닥에는 6장을 깐다. 두 번째는 같은 방법으로 3장씩 나눠 주고 바닥에는 3장을 깐다. 패가 떨어지면 게임은 끝나고 득점을 계산한다.

단, 비의 껍데기는 조커와 같은 역할을 한다. 모든 점수의 합산이 264점으로 한 사람의 기준점은 88점이다. 계산방식은 득점에서 88점을 빼는데 총점이 88이 안 되는 사람이 지고 88점에서 빠지는 점수만큼 돈을 지급한다. 세 사람이 게임을 하고 88점을 넘긴 사람이 한 사람이면 넘긴 점수만큼

두 사람한테 돈을 받고, 넘긴 사람이 두 사람이면 나머지 한 사람이 득점만큼의 돈을 지급한다.

그렇다면 하나후다가 조선에 유입됨과 동시에 조선인들이 위화감 없이 받아들였던 배경은 무엇이며 화투가 이렇게 조선 사회에 빠르게 확산된 이유는 어디에 있는 것일까? 우선 화투가 유입되기 전에 조선에서는 투전이라는 화투와 흡사한 놀이가 있었기 때문일 것이다. 일본식 표기로는 '花札'인 하나후다가 화투라는 이름으로 바뀐 것에서도 화투를 투전으로 인식하였다는 것을 알 수 있지만, 그보다는 투전과 화투의 놀이 방법의 유사성에서도 찾을 수 있다.

화투 놀이 중 하나인 '짓고땡'은 하나후다에는 없는 놀이로 투전의 '짒고 땅'에서 유래되었다고 한다. 짓고땡은 선이 판 꾼에게 5장씩 패를 돌리면 패를 받은 사람들은 3장으로 10, 20, 30의 끗수를 지은 다음 나머지 2장으로 승부를 겨루는 놀이이다. 이때 남은 2장이 같은 경우를 땡이라고 하는데 그중 가장 높은 숫자 10이 되면 장땡, 9이면 9땡이 되는 식이다. 그리고 '섯다'는 1월에서 10월까지의 피와 오동과 비 전체를 제외한 20장의 패를 나눠 쥐고 '끗수'를 맞춰 승부를 가린다. 여기서 쓰이는 땡, 가보, 따라지 등의 용어도 모두 투전에서 사용된 것에서 보면 조선에서는 화투를 투전의 대용으로 받아들였다고 보아도 좋을 것 같다.

화투의 확산

경시청 경부(警部) 출신으로 기후현 가이즈(岐阜県 海津)군수를 지낸 마무라 도모(今村鞆)는 1908년 충청북도 경찰부장으로 조선에 부임한 이후 충청도와 강원도 등지의 지방경찰서에 근무하면서 직무와 취미에 관련된 조사에 몰두하였다. 그리고 조선의 사회조직, 풍속, 종교, 관제 등을 소개한 『조선풍속집(朝鮮風俗集)』(1914)을 출간한다. 이 서적에는 일반적으로 알려진 것과는 사뭇 다른 화투의 유입과정, 화투를 주 소비하는 계층, 화투의 놀이방식 등에 대한 견해가 피력되어 있다.

> 화투는 일본의 하나후다로 각 거주지에 있는 일본인이 하던 것이 조선인에게 전해지기도 하였고, 또한 일본에 망명 혹은 유학하던 사람이 이것을 배우고 돌아가 점차 각지로 전한 것으로 수년 전에 전래하였다. 종래 조선에서 행해지던 도박은 매우 살풍경한 것이지만 화투는 다소 미적 취미가 있는 것으로 한동안 양반 등 상류 사회 또는 화류계에서 매우 융성하였다. 방법은 일본

내에서와 마찬가지이지만 약은 굉장히 숙련되지 않으면 할 수 가 없다. 또한, 화투의 이름에 공산명월(空山明月)이라든지, 우중행인(雨中行人)이라든지, 노송백학(老松白鶴)이라든지, 난간앵화(欄干桜花)라든지 혹은 단오동(丹梧桐), 벽오동(碧梧桐), 단풍장(丹楓獐) 등 풍류 있게 이름을 붙였다.

책의 출간시점이 1914년이므로 1910년경 조선에서 화투는 공산명월(空山明月), 우중행인(雨中行人), 노송백학(老松白鶴), 난간앵화(欄干桜花) 등과 같은 별칭을 붙여 놀이를 즐길 만큼 대중화되었다는 것을 알 수 있다. 이마무라는 조선에 화투가 두 가지 경로를 통해 유입되었다고 보았다. 그중 하나는 일본인 거주지를 통해 조선 사회에 알려진 경우, 또 하나는 일본에 망명 혹은 유학을 갔던 사람들이 일본에서 화투를 배워 조선에 소개한 경우이다.

여기서 화투가 상류층을 통해 일반 서민들에게 퍼졌다는 이마무라의 주장은 상당히 흥미롭다. 종래는 조선에 화투가 유입된 경로로 쓰시마의 상인들을 통해 부산을 중심으로 일반 서민들 사이에 유행하고 그것이 점차 퍼져 상류층에게까지 이르게 되었다고 보는 의견도 있었지만, 당시 부산에 거주하던 쓰시마의 상인들 숫자를 생각할 때 이는 설득력이 모자란다.

화투가 상류 계층에서 시작된 것은 일본도 다르지 않은 듯한데, 명치시대에 발간된 잡지 『국민지우(国民之友)』 1891년 2월호에는 '하나카르타는 오래전부터 상류 사회에서 유행했지만, 지금은 빠르게 서생들에게 번지고 있다'고 전하고 있다. 법학자이면서 문화연구자인 오사타케 다케키(尾佐竹猛)도 1925년에 발행한 『도박과 소매치기의 연구(賭博と掏摸の研究)』에서 '근년에 조선에까지 퍼져 화투라 하는데, 상류 사회에서 행해진다는 것이 내지와는 다르지 않은 것 같다'고 기술하고 있다. 일본에서도 고위 관료들이 큰 판돈을 걸고 화투판을 벌였지만 주로 유곽이나 개인 집에서 이루어져 단속이 잘 이루어지지 않았다.

이처럼 이마무라와 오사타케 모두 화투가 상류층을 통해 조선에 유입되었다고 보았다. 실제 당시 신문 기사를 통해 드러난 화투의 폐해도 초기에는 거의 상류층에게 집중되어 나타났다. 그러다가 을사늑약 이후에 일반 서민들의 피해를 고발하는 기사가 눈에 띄게 증가하는 것으로 보아 한국에서도 고위 관료에서 서민들에게 확산되었다고 봐야 할 것이다.

그렇다면 당시, 고위 관료들은 어떤 경로로 화투를 접하게 되었으며 화투에 빠진 상류층이란 구체적으로 어떤 사람들을 말하는 것일까? 1889년 9월 22일의 『조선왕조실록』에는 다음과 같은 기록이 등장한다. '임금이 말하기를 요즘 도박이 성행하여 마을과 거리에서 재산을 탕진하는 사람이 많을 뿐 아니라 중앙과 지방의 토호들이 위력으로 억압하고 마음대로 횡포를 부리며 아무런 거리낌도 없이 백성을 긁어먹는다는 소문이 날마다 들리니 놀라운 일'이라며 도박이 매우 성행하고 있는 것에 우려를 표하고 있다.

당시는 투전금지령으로 투전에 대한 감시가 엄격하였던 것에 반해 화투는 아직 유입된 지 얼마 되지 않아 제재가 없었다. 그리고 기록에서 나온 고위층 관료들의 재산탕진 이야기를 볼 때 시기적으로 화투일 가능성이 없지 않다. 신문에 나온 화투에 관한 기록은 주로 1900년 초반에 집중되어 있는데, 주로 고위 관료들이 화투를 즐긴다는 이야기와 화투 검열, 화투로 인해 재산을 탕진하는 이야기가 대부분이다. 더욱이 화투를 즐기는 사람들 대부분이 친일파이자 고위 관료라 경찰은 아무런 제재를 할 수 없었다.

화투의 피해 상황은 『대한매일신보』의 기사를 통해서도 확인할 수 있다. 1904년 12월 9일에는 '관인의 기회, 각 대관의 잡기가 대치함으로 신참정이상 쥬엄금하엿난대 근일에 그 이하 관등이 잡기회를 꿈여 경위원총관 권석, 궁내부 협판 박용화, 한성관 윤민경, 식부쟝 리지용 모모제씨가 화투회를 설시하고 륜회로 설국하난대 그에 득실이 파다하다더라'라며 경위원 총관(摠管) 권중석(權重奭), 친일파 부호 박용하(朴容夏), 한성관 윤민경, 을사오적 중 한 사람인 이지용(李址鎔) 등 당대 최고의 권력을 쥐고 있던 자들이 엄청난 돈을 걸고 내기 화투판을 벌이고 있다고 전하고 있다. 하물며 화투 놀이에 몰두하는 것이 어른들만은 아니었던 것 같다. 같은 날 신문에는 '아동잡기, 쟉일하오이시에 아회세시 남촌 어두묵골 일본마대 영문압에 잇난 밧진 흙구덩이에셔 화투로써 잡기를 하다가 별 검의게 잡혓난대 한놈은 도망하고 두 놈만 잡혀 갓다더라'며 아이 3명이 남촌의 어두운 골목에서 화투놀이를 하다가 한 아이는 도망가고 두 명은 순경에서 잡혀갔다고 한다. 이 기사로 화투가 아이들까지 퍼져 있을 만큼 조선에서 만연하고 있었다는 것을 알 수 있다.

그리고 1904년 12월 13일에는 '거샹쟈무별이왕담배대 금할때에 집힌쟈마다 하등인에 인력거군이나 교만군이나 말군이오 또 근일에 화투노름을 금하난대 잡혀가난쟈마다 교군아니면 지계군이나 아회들이라 실샹으로 말하자하면 모모 대관집에셔난 큰판으로 잡기를 하매거 그난순검과 병

뎡이 파슈를 하난지라 별검순이 감히 드러가지도 못한다더하니 그러한즉 하등샤회인만 죄칙이 잇고 샹등사회에난 잡기를 하여도 관계치아니하고 들하더라'라며 인력거, 마부, 지게꾼 등과 같이 신분이 낮은 사람들만 잡히고, 대관 집에서는 아예 보초를 세워 놓고 큰 화투판이 벌어지고 있어 감히 별순검(別巡檢)이 들어가 보지도 못한다는 것이다. 앞의 신문 기사의 내용처럼 이지용, 박용하 등과 같은 당대 권력자들이 화투회를 만들어 화투판을 벌이고 있어도 조사조차 할 수 없었다는 것이다.

그 이후에도 고위관료들이 화투판을 벌인다는 기사는 거듭 신문을 장식한다. 1906년 5월 19일 신문에는 전 군수를 비롯하여 고위층들이 연일 투전을 벌이는데 판돈이 만환이나 된다고 전하고 있다. 다음 해 1907년 10월 4일에는 '近日某某大官이 園洞某某大官家에 晝夜會集하여 花套局을 開設하고 幾萬元得失이有한다하니 此声가 當路하면 売国求榮하난것이 事業이오 失勢하면 花套消日하난것이 長技라'라며 나라를 팔아먹는 것(賣國求榮)이 주업이고 권력을 잃으면 화투로 소일(花套消日)한다는 무책임한 고위관리를 비난하는 기사가 실렸다.

화투놀이에 빠져 사는 것은 정치의 최고 중심자인 총리

대신도 마찬가지였다. 국권찬탈이라는 최악의 국가 위기 상황에서 총리대신 이완용, 중추원 고문 이지용을 비롯한 대신들은 회합을 위해 주연을 열었고 거기에는 화투판도 빠지지 않았다. 1910년 4월 16일에는 '總理大臣李完用氏가 牽引症이 深刻하다함은 旣報하엿거니와 苦痛을 忘却키 爲하야 門客으로 더불어 花鬪碁局에 着心한다더라'라며 총리대신 이완용 씨가 견인증(牽引症, 근육이 쑤시고 아픈 병)이 심각하여 고통을 잊기 위해 문객들과 화투를 친다는 기사가 실렸는데, 그 이전에도 이완용의 집, 산정에서 화투판을 벌린다는 기사가 보도되었다. 특히 을사오적 중 한 사람으로 고종의 5촌 조카인 이지용은 자택에서 전국의 유명한 노름꾼들과 화투판을 벌여 여러 차례 신문지상에 오르내리더니 급기야 1912년 화투를 치다가 체포되어 강제합방에 기여한 공로로 받은 백작의 예우가 정지되는 수모를 겪기도 하였다.

이처럼 구한말 화투는 고관대작에서부터 서민들까지 빠르게 조선 사회에 침투해 들어갔다. 당시 일본에서도 하나후다의 인기가 높아지자 장소를 불문하고 도박판이 벌어졌다. 특히 돈이 많은 사람일수록 고액의 판돈을 건 도박판을 벌여 사회적 문제가 되기도 하였다. 1892년에는 현직 대법원장 고지마 이켄(児島惟謙)이 거액의 판돈을 걸고 하나후다 도박을 벌여 사법계에 엄청난 충격을 준 일명, '사법관 로우카 사건(弄花事件)'이 발생했다. 일본에서 하나후다의 유행을 상징하는 이 사건은 판사 고다마 준이치로(児玉 淳一郎)가 대법원장인 고지마와 6명의 동료 판사, 검사와 함께 연회 중에 돈을 걸고 하나후다를 쳤다는 정황을 파악하고 검찰총장에게 보고하면서 벌어진 사건이다. 고지마는 하나후다를 쳤지만 돈을 걸지 않았다고 주장하여 무혐의 처분을 받았지만 결국 대법원장 자리를 사임했다. 이 사건으로 일본에서는 돈을 걸고 하나후다를 치는 행위를 도박으로 인식하고 도덕적인 비난을 받았다는 것을 알 수 있다.

이에 비해 조선의 신문에서는 고관들이 심심치 않게 거액의 판돈이 오가는 화투판을 벌이고 그로 인해 가산을 탕진한다는 이야기는 나오지만, 이들이 처벌을 받았다는 기사는 찾아보기 어렵다. 또한, 화투를 엄하게 금하였다는 기사도 거의 없는 것으로 보아 화투는 그다지 엄격하게 금지하지 못하였던 것으로 추정된다. 이는 국망의 위기 속에서 노름을 감시, 감독해야 할 고위층들이 먼저 나서서 화투 놀이를 하고 있었기 때문일 것이다.

앞서 이마무라의 지적처럼 조선의 화투는 조선 상류층을

매료시켰으며 그들이 직접 일본에 가서 배워 온 것이 아니고 조선에 거주하고 있던 일본인들과의 교류를 통해 자연스럽게 배운 것으로 보인다. 그러나 조선에서의 화투는 사교의 수준을 넘어섰다. 화투로 노는 사람들이 고위직이다 보니 판돈도 컸고, 이는 당시 사회문제로 비화할 만큼 골칫거리였다. 재미난 것은 조선에서 화투로 경찰에 잡혀가는 것은 조선인만이 아니라 일본인들도 있었다.

1908년 8월 29일자 『대한매일신보』에는 '三日被捉 會洞居留日人西畑岩吉과 七井初三郎과 可部與三郎三人이 西畑岩吉家에서 花套局을 設置하다가 南部警署로 被捉되얏다더라'라며 회동에 거주하는 일본인 3명이 조선인이 같이 화투판을 벌이다가 서부경찰서로 잡혀갔다는 이야기가 나온다. 다음 해(1909년) 12월 22일자 『대한매일신보』에는 '技犯被捉, 再昨日下午七時에 中部中谷徐順甫氏家에서 趙基元及日人村頼等四五人이 花套局을 設하다가 中署에 被捉하엿다더라'라며 20일 오후 7시에 서순포 씨 집에서 조기원(趙基元)을 비롯하여 일본인 무라세 등 네다섯 명이 화투를 치다가 경찰서에 잡혀갔다고 전하고 있다. 일본에서 하나후다는 해금된 상태였지만 조선에서는 1894년의 갑오개혁 이후 풍속을 바로한다는 차원에서 투전과 같은 도박 일체가 금지되었다. 화투도 단속 대상이었지만 앞서 나왔던 것처럼 고위 관료들은 경찰의 단속을 피해 갈 수 있었고, 일본인들을 마음대로 구속하여 가둘 수 없었기 때문에 조사만 하지 처벌을 할 수는 없었다.

이렇게 조선에서는 화투가 유입과 더불어 규제의 대상이었지만 일본에서는 다양한 계층의 사람들이 하나후다를 즐겼다. 물론 일본에서도 하나후다가 도박으로 변질될 가능성이 충분히 있었고 여러 번 골패 금지령에 포함되어 금지되기도 하였지만, 조선과는 다르게 도박에만 사용되지 않았다. 구습타파의 일환으로 1841년, 제작과 발매가 금지되었던 하나후다가 1886년에는 해금되면서 일본 가정에서는 도박성이 약한 사교 도구로 사랑받게 된다.

결론하자면 일본과는 달리 조선은 처음부터 화찰(花札)이 아닌 화투(花鬪), 즉 하나(꽃)를 사용해서 하는 싸움인 노름으로 수용되었다. 다시 말해, 조선은 고위직을 통해 퍼졌고 그들의 권력을 통해 노름으로 이용되었다. 그리하여 러일전쟁 이후에는 화투의 피해가 만연하면서 지위고하를 막론하고 화투 빚에 시달리는 사람들이 늘어나게 되었다.

한국에서의 대중화

앞서 살펴본 것처럼 화투는 청일전쟁 이후 대량으로 한국에 유입되었지만, 일반 대중에게 널리 유포된 것은 1910년 이후였다. 그러나 한국에서 화투의 폐해는 이미 1904년 경부터 급증한 상태였다. 그 원인은 일본의 정치상황과 밀접한 관련이 있는데, 먼저 1886년과 1889년, 일본에서 하나후다 및 골패 일체가 해금되었다는 점을 들 수가 있고, 또 하나는 1902년의 골패세의 제정이다. 일본은 1900년을 전후로 중국에서 발생한 의화단 운동(義和團運動)의 진압에 참여한 후, 메이지 정부의 전쟁으로 인한 재정 적자를 메우기 위해 1902년 하나후다를 금지하는 대신 골패세를 시행하였는데 이것이 결정적인 역할을 하였다.

골패세는 '골패를 제조 및 판매하는 자는 정부의 면허를 받아야 한다'는 법령으로 하나후다 한 조에 20전씩 세금을 부과하였다. 가격이 2배 이상으로 뛰면서 전국의 화투 취급소는 큰 타격을 받게 된다. 정부는 골패제작자들의 탈세를 방지하기 위해 재고 관리를 철저하게 하였고, 하자가 있는 하나후다의 판매를 금지하였는데 이로 인해 재고가 쌓이게 된다. 높은 세금으로 가격이 오르면서 지방에서 하나후다를 생산하던 가게의 도산과 폐업이 속출했고, 남아 있는 가게는 골패세에 의한 제조면허를 받아 면허세를 수납한 자만이 영업할 수 있었다. 이처럼 가격 급등으로 인한 판매 부진은 하나후다가 도박꾼이 아닌 일반인들의 놀이였음을 반증한다고 봐야 할 것이다.

하나후다 재고로 고심하던 중 때마침 제조업체인 교토의 마쓰이텐구도(松井天狗堂) 등은 일본보다 훨씬 저렴한 가격으로 조선에 판매하게 된다. 그리고 이를 계기로 일본에서의 화투 제작은 다시 활기를 되찾게 되었다. 일본 국내보다는 훨씬 싼 값으로 팔았기 때문에, 조선에서의 수요가 엄청나게 증가하자 일본 제조업자들은 아예 조선에 팔 목적으로 저가의 화투를 제작하기 시작하였다. 경비를 줄이기 위해 일부는 당시 조선의 수도인 경성에서 제작하였고, 뒷면과 옆면은 그냥 붉은색으로 칠했다. 고급스러운 재질의 종이에 그림도 정교하게 수공업으로 제작하던 하나후다와는 달리 저가 화투가 대량으로 조선으로 유입한 것이다. 그렇다고 1902년 이전에 하나후다가 유입되지 않았다는 것은 아니다. 이미 조선에서 화투가 상당히 소비되고 있었기 때문에 재고를 처리하겠다는 발상을 한 것일 것이다.

저가 화투의 유입은 대중화를 가속화했고, 그 피해는 고스란히 서민들의 몫이 되었다. 1905년 2월 7일 『대한매일신보』에는 '화투피착, 근일간 대관의 소이 들어 정초를 빙자하고 화투를 크게 내기하다가 경무에 피착하엿는대 모대관의 소은 그 본가의셔 피착된 줄은 아지 못하고 도주한 줄노 안다더라'라며 양반집 첩들이 설을 빙자하여 내기 화투를 벌이다가 경무청에 잡혀갔는데, 본가에서는 그녀들이 잡혀간 줄도 모르고 도망한 것으로 알고 있다는 기사가 나온다.

또한, 같은 신문 1908년 3월 1일 자에는 '노름빗에 좇겨젼 군슈 민영채(民永采)씨가 리지용(李址鎔)씨에게 화투에 일흔빗을 갑지못한거시 잇던지 리지용씨가 사람을 보내여 독하난고로 뎐장을 팔아 갑흐랴하여도 사난 사람이 업는지라 민씨의 곤난이 막심하다더라'며 전 군수 민영채가 화투 빚으로 이지용에게 빌린 돈을 갚지 못해 재산을 팔아 갚으려 하여도 사려는 사람이 없어 매우 곤란한 처지에 빠져 있다고 전하고 있다. 그로부터 4일 후에도 거의 같은 이야기가 실리는데 '노름빗에 곤난, 학부셔긔관 누구는 화투빗에 곤난이 막심하야 자긔집 문셔를 잡히려고 도라단닌다더라. 갈사록 못살일뿐 경긔 근쳐로 셔온 사람의 전셜을 드른즉 백셩들이 (중략) 륙칠차를 몃백원식 몃천원식 빼앗기고도 소요난 지식할날이 업난지라 밤이면 자지못하고 잡기판들을 버리고 밤을 지내난대 잡기빗에 소를 판사람도만코

집을 판사람도 만타더라'며 노름빚으로 집문서를 잡히거나 야반도주하는 사람들이 속출하였다고 전한다.

이러한 화투의 폐해는 을사늑약 이후 화투에 대한 감시가 느슨해지면서 더욱 심해진다. 1910년 4월 2일 『대한매일신보』에는 '宜其禁止, 西部大챵洞居玄某의 別室은 年小婦女를 誘引하야 花套局을 設함으로 婦女界에 多大한 損害가 有한대 當署警官은 此를 禁止치안난다고 一般批評이 有하다더라'라며 서부 대창동에 사는 현씨라는 사람의 첩이 화투방을 만들어 부녀자들을 끌어들여 피해가 막심한데도 경찰이 이를 금하지 않아 비난을 받는다는 이야기이다.

더욱이 화투의 피해는 비단 경성에 국한된 것이 아니었다. 1910년 5월 2일 『경남일보』에는 진주의 기생집에서 기생들이 모여 화투를 치다가 패가망신한 사람들의 이야기를 담은 다음과 같은 기사가 실렸다. '花鬪散家, 晉州郡 大安一洞 獄後洞 退妓錦蓮家에는 外人이 出入못하게 하고 一年內 晝宵不分하고 花鬪局을 大設하여 男女間에 金錢을 多失하야 三千兩을 일코 失眞한 妓生도 잇고 七八百兩을 일코 家産을 斥賣한 妓生도 잇고 四五百金을 失하고 家眷典執한 人도 有하야 接錢뺀 金額이 數千金에 至하야 潤産을 期圖한다고 怨聲이 浪藉하다'라며 진주군 대안 1동에 퇴기가 바깥사람들을 출입하지 못하게 하고 1년 내내 화투방을 설치하였는데, 삼천 냥을 잃고 정신을 잃은 기생도 있고 7-8백 냥을 잃고 가산을 처분한 기생도 있고 4-5백 냥을 잃고 집문서를 전당 잡히는 사람도 있었다는 내용이다. 이처럼 화투는 청국과 일본, 러시아라는 열강의 각축장이 되어 국권 상실이라는 사상 초유의 위기를 맞이하던 구한말, 고위 관료들의 타락과 무책임 속에서 유희문화로서가 아닌 도박으로 조선 사회에 유입되어 백성들의 삶을 파탄으로 몰고 갔다.

화투가 조선인의 정서에 얼마나 친숙하게 다가왔는지는 1908년 2월 12일 『대한매일신보』의 달별 화투패를 사용한 시사평론을 통해서도 확인할 수 있다.

- 밝은 쵹불 화투판에 셩패득실 무수하니 시국형편 흡사하고 인정물태 가관일셰
- 숑학놉히 우난곳에 원토대신 안졋고나 국은은 망극하고 애민직책 즁대한대 슈슈방관 웬일인가 아래손을 잘삷히지
- 단풍사슴 뛰난곳에 내각대신 나왓스나 엄동셜한 찬바람에 무삼운치 잇슬손가 매관매쟉 뎌재물이 외인졉대에 판이나고 당시셰력 감손하니 손속졈졈 맑어졌다
- 공산에 뗴기럭이 동포형뎨 이아닌가 만리라도 줄을지어 봄과

갈노 왕래하며 일식합력 맹세하야 단톄력이 되엿스나 나라권셰 입헛스니 외슈질에 속지말게

• 우즁행인 우산속에 일진회가 나왓스나 텬긔청명 비가개면 리맹망량 업서진다 요두젼목 뎌행색이 해산쇼식 량쟈하니 이판셰가 틀녓고나

• 오동봉황 울엇스니 이시대가 어나때뇨 유지하신 뎌군자난 애국사상 비나잇네 어셔급히 닐어나셔 보국안민 하여보셰

• 공산명월 밝앗난대 영웅엇지 아니오나 달과갓치 밝은심사 때를 항샹 기다리니 창셩도탄 가련일셰 롱락하난 한솜시에 안위득실 달녓고나

• 사구라가 피엿스니 풍류남자 나오신다 츈풍이월 호시절에 차문슈가 하쳐재오 하월루 단셩샤에 각부대신 노라나셔 물과같치 돈을 쓰나 조사쟈리 네로고나

• 괴셕샹에 란초물은 통감부에 관인인대 긔괴할손 뎌물색이 화초즁에 가관이리 연회하난 쟝례원에 람챵의와 도홍띄가 종의광대 탈이로다

• 매죠하나 나라드니 이팔청츈 기생이라 만찬회에 뎌대신은 딜탕풍류 혼을일허 시국사무 다니즈니 판안돈이 다 쓸녓네

이 평론은 고위 대신들이 국정을 등한시하고, 매관매직

을 일삼으며 애국지사들의 충정은 온데간데 없는 구한말의 상황을 화투판에 비유한 것이다. 이렇게 화투를 빗댄 정치 풍자가 신문에 실릴 만큼 이미 조선인들의 정서에 파고들어 있었다.

청일, 러일 전쟁을 계기로 조선으로 대량 유입된 화투는 한일 병탄 이후 더욱 서민들의 삶 속으로 파고들었다. 물론 아무런 제재가 없었던 것은 아니다. 1920년대의 신문에는 화투를 치다가 즉시 경관에게 잡혀갔다거나 벌금을 물었다는 기사가 심심치 않게 실린 것으로 보아 화투를 비롯한 도박단속이 이루어졌음을 알 수 있다. 그러던 중 조선에 골패세(朝鮮骨牌稅令)가 신설된 것은 만주사변이 발발한 1931년으로 전쟁으로 재정이 어려워진 일본이 조세수입을 위해 법령을 제정한 것으로 보인다.

1931년 2월 27일 『동아일보』는 불황으로 세금이 백만 원 줄어 총독부예산에 심각한 어려움이 있고 이를 위해 세금 증액을 한다고 밝혔다. 그중에는 골패세의 신설로 인한 약 6만 원의 세액증가를 예상하였다. 당연히 골패세의 신설은 화투 값 인상으로 이어졌지만, 화투의 인기는 수그러들 줄 몰랐다. 1935년 3월 23일 『동아일보』는 '함북 무산 읍내에서는 근간 마작 투전 화투 등의 도박이 성행하여 금년 1

월 이래 무산경찰서에 검거된 인원이 40-50명의 엄청난 숫자에 달한다'고 적고 있으며, 같은 신문 1936년 1월 17일에는 '14일 신의주세관 사막출장소에서는 만주로부터 화투 6,480개를 밀수입하여 오는 사람 2명을 발각하고 그중 1명은 잡았으나 1명은 도망하여 버렸다. 이 화투를 만주에서 사면 400원 미만이나 조선에서 팔면 3000원 정도에 이르는 것'이라고 하였다. 화투가 성행하고 있으며 이로 인해 조선에서는 화투를 만주보다 매우 비싸게 판매할 수 있다는 이야기이다.

화투는 문학작품에도 등장한다. 1931년의 김무길의 소설 『역경(逆境)』에는 내기 화투를 하자는 장면이 등장한다. 1938년에 출간된 김동인의 단편소설 『대탕지아주머니』에도 하급여성 다부코와 일명 넙적이라고 불리는 남자가 화투를 치는 장면이 나올 정도로 화투는 서민들의 놀이문화로 정착하였다.

해방 이후 정부에서는 화투가 왜색이라는 이유로 추방을 외치기도 하였다. 하지만 화투를 완전히 뿌리 뽑지는 못하였고 오히려 1955년부터 다시 기승을 부리게 된다. 이때 화투의 왜색성을 없애기 위한 노력도 진행되었다. 1956년 9월 26일 동아일보에는 '〈휴지통〉 장관님들도 무척 화투에 관심이 많으신 모양으로 25일 내무, 재무, 문교, 상공, 보건사회 등 5부 장관님들은 돌연 연명으로 화투장려문(?)을 발표하여 걸작 (중략) 발표문에 왈 "왜색화투를 일소함으로써 건전한 국민교육과 문화예술의 발전을 도모할 수 있다"고 (중략) 어마어마한 포부인데 (중략) 이날 장관님들은 또한 위모라는 1(일)업자가 고안 제작한 새화투의 사용도 더불어 추천 장려하였으니 (중략) 왜색화투 말소와 대체할 새화투의 사용도 더불어 추천 장려하였으니 (중략) 왜색화투 말소와 대체할 새화투에 관한 성명서가 바로 그것 (중략) 허나 이 화투장려문도 발표 몇 시간 후에 또 돌연 취소되었으니 다행인지? 불행인지? 모르지만 …'라는 기사가 실렸다.

1956년 10월 29일 『경향신문』에는 '倭色花鬪(왜색화투)는 政府施策(정부시책)에 依(의)하야 抹掃廢止(말소폐지)하고 그代替(대체)로 美匠特許(미장특허) 第323號 "새花鬪(화투)"'라고, 1956년 11월 5일 『동아일보』에는 '政府施策(정부시책)에 依(의)하야 倭色花鬪(왜색화투)는 抹掃廢止(말소폐지)하고 그代替(대체)로 美匠特許(미장특허) 第323號 『새花鬪(화투)』가 決定(결정)되였읍니다[特許權者魏樂煥(특허권자위락환)]'라는 광고가 각각 실리기도 하였다.

이처럼 화투의 왜색을 없애고 한국적 문양의 화투를 만

들자는 주장과 실천은 최근까지도 이어져 온다. 일본문화를 청산하기 위해 한국형 화투를 개발하거나 특정 주제의 도안을 사용하는 것이다. 그러나 일반에 보급되어 사용될 정도에 이르지는 못해서 여전히 화투는 유입 당시의 형태와 디자인에서 크게 벗어나지 않은 채로 각종 고스톱, 짓고땡, 민화투, 월남뽕, 나이롱뽕. 가보잡기, 섰다, 육백 등 다양한 놀이 방법을 만들어 내며 한국의 대표적 놀이인 동시에 도박 도구로 성행하고 있다.

하나후다가 한국에 유입되어 화투로 정착한 지 약 130여 년의 세월이 흘렀다. 그 사이 화투는 한국의 대표적 놀이문화로 자리 잡았고 국민오락이 되었다. 사회 환경의 변화에 따라 가족이나 지인들이 모여 앉아 화투를 치는 모습은 점점 사라지고 있지만, 그렇다고 화투를 즐기는 사람이 줄었다고 단정하기는 어렵다. 스마트폰이나 컴퓨터를 이용하는 개인들의 숫자도 적지 않을 것이기 때문이다. 문제는 순수한 게임으로 즐기는가 아니면 도박으로 이용하는가의 차이가 있을 뿐이다.

화투는 우리 입장에서 볼 때 식민지배국인 일본에서 들어왔고, 처음부터 도박과 연관되어 좋은 인상을 가질 수 없는 것이 사실이다. 또한 일본의 하나후다에서 화투로 정착하기까지의 변화과정과 그 속에 담긴 의미도 전혀 모르는 상태에서 단지 놀이도구로서의 기능만 수행하게 되었다. 어쩌면 악조건이라고도 할 수 있는 상황도 불구하고 화투가 이만큼 즐겨하는 놀이로 자리 잡을 수 있었던 것은 나름의 매력이 있어서일 것이다. 화투에 대한 공정한 평가는 어떻게 이루어질 수 있을까?

우선은 화투를 바라보는 시각이 바뀔 필요가 있다. 최초의 유입과정보다는 정착하고 변화되는 과정에 중점을 두는 것이 중요하다. 일제 식민문화가 여전히 우리 주변에 널려 있고 이를 제거해야 하는 것은 마땅한 일이지만, 변화과정을 거쳐 우리 문화 속으로 편입된 것까지 깎아내릴 필요는 없는 것이다. 놀이를 하나의 문화현상으로 본다면 화투는 일본에서 만들어졌으나 한국에서 재해석된 한국의 문화라고 보아야 한다.

정확한 상황을 파악하기 어렵지만, 어쩌면 화투는 윷놀이나 연 날리기처럼 이미 쇠락해 가는 놀이문화가 되었을지도 모른다. 그러나 화투를 바라보는 시선이나 의미, 놀이방법의 변화를 통해 그 시대를 파악할 수 있다면 화투에 대한 연구가 전혀 무익하다고 할 수는 없다. 한 시대를 풍미한 문화현상으로 받아들이고 일본과는 별도로 한국만의 독자적인 의미를 파악하는 것도 의미 있는 일이 될 것이다.

참고문헌

- 강준만, 『한국 근대사 산책 4』, 인물과사상사, 2007.
- 사회과학원민족고전연구소, 『이조실록 388』, 여강출판사, 1993.
- 손정목, 『한국개항기 도시사회경제사연구』, 일지사, 1982.
- 우리역사나눔회, 『조선왕조실록 10』, 해동출판사, 2009.
- 유승훈, 『다산과 연암, 노름에 빠지다』, 살림, 2006.
- 한상일, 『아시아 연대와 일본제국주의: 대륙낭인과 대륙팽창』, 도서출판 오름, 2002.
- 다테노 아키라 편저, 오정환/이정환 역, 『그때 그 일본인들』, 한길사, 2006.
- 안수현, 「화투를 통해 본 日本古典詩歌에 관한 고찰－万葉集 및 八代集을 중심으로」, 『아시아지역연구』 제8호, 부산외국어대학교 동남아지역원, 2005.
- 유안, 이석명 역, 『회남자』, 소명, 2010.
- 임성철, 「古典和歌를 通해 본 花鬪의 意味分析」, 『外大論叢－부산외국어대학교』 8, 1990.
- 浜松歌国, 『摂陽奇観』, 1819.
- 柳沢信鴻, 『宴遊日記』, 1773.
- 吉海直人, 『百人一首への招待』, 筑摩書房, 1998.
- 今村鞆, 『朝鮮風俗集』, 斯道館, 1914.
- 小高吉三郎, 『日本の遊戯』, 羽田書店, 1943.
- 酒井欣, 『日本遊戯史』, 拓石堂出版社, 1977.
- 尾佐竹猛, 『賭博と掏摸の研究』, 総葉社書店, 1925.
- 武内確斎作, 岡田玉山画 『絵本太閤記』, 小林六兵衛[ほか], 1797.
- 渡辺博, 『トランプ・花札・百人一首』, 池田書店, 1969.

- 渡部小童,『図解花札入門』, 土屋書店, 1974.
- 竹村一,『花札ゲーム28種』, 大泉書店, 1975.
- 石井茂二,『小倉百人一首かるたの研究』, 富田文陽堂, 1917.
- 菅谷与吉編,『絵本太閤記』, 日吉堂, 1884.
- 竹窓山人,『花かるた使用法』, 上方屋, 1886.
- 前田多門編,『西洋かるたの教師』, 上方屋, 1886.
- 自由居士,『花かるたトランプ引方並に秘伝』, 福村正義, 1888.
- 尾関トヨ編,『真書太閤記』, 尾関トヨ, 1887.
- 前田多門編,『遊戯大学: 一名・かるたの使用』, 上方屋勝敗堂, 1888.
- 大蔵省主税局,『帝国輸入税目』, 大蔵省主税局, 1899.5.
- 松浦政泰編,『世界遊戯法大全』, 博文館, 1907.
- 梅園会編,『梅園全集』下巻, 弘道館, 1912.
- 山口県教育会編,『吉田松陰全集』第1巻, 巻岩波書店, 1936.
- 司法省調査部編,『御仕置例類集』第1輯(古類集 1), 司法省調査部, 1941.
- 津村一郎,『最新花札』, 虹有社, 1951.
- 『和歌文學大辭典』, 明治書院, 1962.
- 山口格太郎,「日本のかるたの流れ」,『別冊太陽 日本のこころ, 9 いろはかるた』, 1974.
- 増川 宏一,『賭博の日本史』, 平凡社, 1989.
- 白石悌三,「俳諧」,『年中行事の文芸学』, 弘文堂, 1981.
- 三輪正胤,『歌学秘伝の研究』, 風間書房, 1994.
- 武田恒夫,『日本絵画と歳時 : 景物画史論』, ぺりかん社, 1994.
- 村井省三,「日本のかるたの歴史」,『歌留多』, 平凡社, 1984.
- 古橋信孝,「歌の発生と自然」,『日本人の自然観』, 河出書房親社, 1995.
- 大隅清陽,「君臣秩序と儀礼」,『日本の歴史 8 古代天皇制を考える』, 講談社, 2009.
- 崔官,「壬辰倭亂(文禄の役)と日本近世文学」,『日本近世文学と朝鮮』, 勉誠出版, 2013.
- 崔官, 「戦争・記憶・想像力-文禄の役 (壬辰倭乱) をめぐって」,『東アジア文化交渉学会 第2回年次大会』, 2010.
- 井ヶ田良治,「寛政改革と京都町奉行所(上):酒造制限令と口丹波騒動」,『東志社法学』

24巻5号, 1973.

- 吉海 直人,「花かるたの始原と現在」,『同志社女子大学日本語日本文学』, 2004.
- 仲町啓子外,『歌留多』, 平凡社, 1984.
- 松浦政泰,『家庭の娯楽』, 婦人文庫刊行会, 1915.
- 小澤康則,「『漢城新報』に見る旧韓末期日本人居留民の生活」,『アジア文化研究所研究年報(50), 2015.
- 横井円二(無隣),『戦時成功事業』, 東京事業研究所, 1904.
- 末松謙澄,『日本の面影:夏の夢』, 育英舎, 1906.
- 金檟根,『朝鮮賭博要覧』, 金檟根, 1926.
- 芳賀矢一,『国民性十論』, 富山房, 1908.
- 明治文献,「花歌留多の流行」,『国民之友』, 110, 1891.2.
- 『法令全書』, 内閣官報局, 1902.
- 江橋崇,「吉海直人教授の始源と現在ー論文「花かるたの始源と現在」への疑問」,『遊戯史研究』16, 2004.
- 江橋崇,『花札』(『ものと人間の文化史』167), 法政大学出版局, 2014.
- 桜井鉄二郎 案, 杉浦要太郎 閲,『教育いろはかるた使用方法』, 教育書房, 1894.

도판 참고

- 「みかわ工房」.
- 京都 大石天狗堂.
- 三池カルタ・歴史資料館.
- 滴翠美術館.